生命保険有効活用提案シート集

辻・本郷 税理士法人
MC税理士法人　　編著
アクタス税理士法人

銀行研修社

はしがき

　金融機関の伝統的な業務である「預金を原資にした貸出業務」の収益性が、長引く不況とデフレ傾向、優良企業に対する競争激化、日本銀行のマイナス金利政策等を原因とする金利水準低下により、減少してきています。

　こうしたことから、安定的な収益確保のために、多くの金融機関が「預かり資産商品」すなわち投資信託や保険商品の販売強化に取り組むようになりました。特に保険商品は、顧客の「保障ニーズ」に応えるものであるほか、価格変動リスクがないものが一般的ですので、窓口販売担当者にとって販売しやすいものです。一方、法人オーナーや個人事業主との取引においても、各種リスクヘッジや退職金の原資確保、税金対策、相続・事業承継対策の提案局面で保険商品は重要な役割を果たしています。

　この保険販売で重要なのは、金融庁が金融行政方針で示した「フィデューシャリー・デューティー」という姿勢、すなわち「顧客ニーズに合った良質なサービスや金融商品の提供」を販売担当者が実践することです。2016年の保険業法の改正でも、「顧客の意向に沿う商品提案を行ったのか」「なぜその保険商品を奨めたのか」を明確にすることを求めています。

　これらが意味することは、保険商品の販売は、きちんとした提案プロセスにより顧客の納得を得ることが非常に重要になっているということです。また、そうした提案があればこそ、顧客の保険購入意欲は高まるものと考えられます。

　本書はこの「提案」という点を重視し、個人・法人（オーナー）が抱える様々な課題の解決に向け活用できる保険商品や制度の解説を行うとともに、該当する保険商品をお客様に説明する際に利用できる「提案書」（例）を提供するものです。本書が取り上げた顧客（個人・法人）の課題解決ニーズは74種類に及びますので、金融機関の担当者が直面する顧客の課題の大半に対して、保険を活用した課題解決のノウハウと、実際の提案時に活用できる「提案書」（例）を得ることができるものと自負しております。

　本書は、「読む」というより「使用する」ためのものであり、コピーして顧客にお渡しするなど、積極的に使っていただくことを想定しています。本来、書籍や雑誌の内容を無断でコピーし業務で使用すると著作権法に抵触しますが、本書は複写機によるコピーに限り、その行為を許諾しています。

　本書が皆様の保険窓販や渉外活動によりいっそう役立つことがあれば、これに勝る喜びはありません。

2017年8月

編著者　辻・本郷 税理士法人
　　　　MC税理士法人
　　　　アクタス税理士法人

目　　次

序　フィデューシャリー・デューティーと保険提案のすすめ方 ……………… 7

Ⅰ．個人編

1．個人顧客のニーズと保険提案

1 就職したので保険料が割安なうちに保険に加入したい ……………… 10
　――終身保険・定期保険の提案――

2 結婚・出産を控えているので、保障の厚い保険に加入したい ……… 12
　――定期保険、定期付終身保険の提案――

3 子供の教育資金・結婚資金を準備したい ……………………………… 14
　――学資保険（子ども保険）、貯蓄性保険の提案――

4 住宅購入した後の保障を考えたい ……………………………………… 16
　――逓減定期保険、収入保障保険への加入、既存の保険の転換・減額など――

5 万一の病気やケガに備えたい …………………………………………… 18
　――医療保険・医療特約の提案――

6 就業不能に備えた保険に加入したい …………………………………… 20
　――就業不能保障を絡めた保険の提案――

7 ３大疾病や先進医療に備えたい ………………………………………… 22
　――３大疾病保障保険の特徴――

8 介護が必要になる場合に備えた保険に加入したい …………………… 24
　――介護が必要になる場合に備えた保険の提案――

9 病気療養中でも入れる保険はどんなもの ……………………………… 26
　――告知緩和型保険、無選択型保険の提案――

10 老後資金が心配 …………………………………………………………… 28
　――個人年金保険、年金受取の終身保険――

11 iDeCoを活用したい ……………………………………………………… 30
　――iDeCo活用による税金メリット――

12 高齢独居を想定した保険に加入したい ………………………………… 32
　――民間介護保険による要介護や老人ホーム等の入居を考慮した提案――

13 保険でも多少のリスク商品で運用したい（外貨建て保険、変額保険）……… 34
　――外貨建て保険、変額保険のメリット・デメリット――

14 生前贈与したお金を有効活用したい …………………………………… 36
　――相続税負担を「所得税・住民税」に転換――

2．個人顧客が知っておくべき保険のしくみ

15 生命保険料控除を活用したい ································· 38
　　──年間12万円を所得控除（所得税）──

16 地震保険料控除を活用したい ································· 40
　　──年間5万円を所得控除（所得税）──

17 一時払養老保険の税金はどうなるか ························· 42
　　──一時払養老保険の満期金受取りの有利・不利──

18 保険料の支払方法を工夫して税金の負担を少なくしたい ············· 44
　　──生命保険料の贈与を活用して税額圧縮──

19 契約形態を工夫して税金の負担を少なくしたい（死亡保険金） ········· 46
　　──契約者変更と保険料贈与の効果（死亡保険）──

20 契約形態を工夫して税金の負担を少なくしたい（満期保険金） ········· 48
　　──契約者変更と保険料贈与の効果（満期保険）──

21 リビングニーズ特約を使ったほうが得か、使わないほうが得か ········· 50
　　──給付金請求額決定は相続税の非課税枠に注意──

3．個人顧客の保険の見直し

22 一時的に保険料の支払いが困難になったが保険を継続したい ········· 52
　　──少ない資金負担で保険を継続──

23 保険料の払込みをやめたいが、保障は継続したい ················· 54
　　──保険料の払込みをやめ保障を継続──

Ⅱ．法人編

24 保険に加入する場合、税務上のチェックポイントは ··············· 58
　　──こんな加入の仕方は問題となる──

1．法人オーナー・役員のニーズと保険提案

(1) 死亡保障

25 役員の死亡保障をカバーし、節税したい ······················· 60
　　──役員の保障も兼ね節税する──

26 役員の死亡保障ができ、生前退職にも活用したい ················ 62
　　──経営者の十分な死亡保障と退職金原資を確保──

27 年々増える役員の死亡保障をカバーして、生前退職にも備えたい（1） ········ 64
　　──長期平準定期保険で死亡保障をカバー──

28 年々増える役員の死亡保障をカバーして、生前退職にも備えたい（2） ········ 66
　　──増加する役員の死亡リスクに対応する──

| 29 | 役員の死亡保障を、貯蓄もできる保険でカバーしたい（1） ……………… 70 |

　　──貯蓄も兼ねながら役員の死亡保障に対応──

| 30 | 役員の死亡保障を、貯蓄もできる保険でカバーしたい（2） ……………… 74 |

　　──一時払終身保険でリスクヘッジ（自己資産）──

（2）退職金原資確保

| 31 | 保険料負担を抑えながら退職金の準備をしたい …………………………… 78 |

　　──低解約返戻金型終身保険を活用して退職金の準備をする──

| 32 | 病気になったときの保障を確保し、生前退職金にも活用できる生命保険 …… 80 |

　　──がん保険を活用し、生前退職金を確保する──

| 33 | 個人年金を退職年金制度に活用したい ……………………………………… 82 |

　　──公的年金の不足分を個人年金でカバーする──

| 34 | 以前生前退職に備えて保険に加入したが退職時期が先に延びた ………… 84 |

　　──養老保険の満期保険金を年金払で受け取る──

（3）医療保障

| 35 | 病気になったときの保障を一生涯確保したい ……………………………… 86 |

　　──退職時に契約者・保険金受取人を変更し保障を一生涯確保──

| 36 | がんに対する保障を確保したい ……………………………………………… 88 |

　　──全額損金算入ができるがん保険で、がんに対するリスクを保障する──

| 37 | がん保険に代わる、全額損金算入ができる保険がほしい ………………… 90 |

　　──全額損金扱いが可能な生活障害保障型定期保険の活用──

| 38 | 経営者の身体障害等によるリスクを保障したい …………………………… 92 |

　　──必要保障額の算定およびリスクヘッジの提案──

2．従業員を対象にした保険のニーズと提案

| 39 | 従業員の福利厚生になり、生前退職金にも活用できる生命保険（1） ……… 94 |

　　──内部留保を確保し福利厚生資金に活用──

| 40 | 従業員の福利厚生になり、生前退職金にも活用できる生命保険（2） ……… 96 |

　　──養老保険で福利厚生制度──

| 41 | 従業員の福利厚生になり、生前退職金にも活用できる生命保険（3） …… 100 |

　　──一時払養老保険による福利厚生プラン──

| 42 | 全額損金扱いとなる養老保険 ……………………………………………… 104 |

　　──保険料の2分の1が損金、2分の1が給与扱いとなるプラン──

| 43 | 従業員の退職手当を充実させ、会社の社会保険料も削減可能 ………… 106 |

　　──選択型確定拠出年金プランの導入──

| 44 | 従業員の死亡保障をカバーし、節税したい ……………………………… 108 |

　　──安い保険料で従業員に保障──

3．会社のリスクマネジメントに活用できる保険の提案

- 45 社長に万一があったとき、会社の借入金に対する保障がほしい（1）………… 110
  ──社長に万一があったときの準備を──
- 46 社長に万一があったとき、会社の借入金に対する保障がほしい（2）………… 112
  ──逓減定期保険で合理的なリスク対応──
- 47 事業投資のリスクを保険でカバーしたい ……………………………………… 114
  ──生命保険による投資リスクヘッジの方法──
- 48 会社の資金繰りが一時苦しくなりそうだが保険を活用して借入したい ……… 116
  ──保険を利用して資金繰りピンチを回避──
- 49 会社の社長仮払金を消して、決算書をきれいにしたい ……………………… 118
  ──終身保険に一括払いで加入──

4．法人契約保険の見直し

- 50 保障額を見直したい ……………………………………………………………… 120
  ──解約して新たに加入する場合と減額していく場合の比較──
- 51 保障はほしいが、保険料をできる限り抑えたい ……………………………… 122
  ──必要な保障期間を検討し有利な保険料をさぐる──
- 52 加入している保険の内容がよく分からない …………………………………… 124
  ──定期付終身保険の定期部分の再確認──
- 53 個人・法人でより効果的な保険加入はできないか（1）……………………… 126
  ──社長が被保険者の契約を見直す──
- 54 個人・法人でより効果的な保険加入はできないか（2）……………………… 128
  ──保険証券を退職金の支払にあてる──
- 55 保険料の負担がきつくなってきたので見直したい …………………………… 130
  ──保障と資産形成のバランスを再検討──
- 56 以前に加入した保険で、現在の必要保障額を確保できているか心配 ………… 132
  ──加入目的を考慮して必要保障額を確保──
- 57 福利厚生のための養老保険に加入しているが、社員の入退社について何もしていない … 134
  ──養老保険のメンテナンス──
- 58 保険の見直しをしたいが、何かよい方法はないか（1）……………………… 136
  ──会社の現状を考え既契約保険を有効活用──
- 59 保険の見直しをしたいが、何かよい方法はないか（2）……………………… 138
  ──簿外資産を利用して赤字を補填する──
- 60 保険の見直しをしたいが、何かよい方法はないか（3）……………………… 140
  ──払込方法の変更で運用効果をアップする──

Ⅲ. 相続・事業承継編

1. 法人オーナーのニーズと保険提案

| 61 | 事業承継を円滑に進めるために保険を活用したい ······ 144
──自社株引下げ・株式取得資金確保・納税資金確保等──

| 62 | 相続財産の評価上昇を防ぎたい ······ 146
──金融資産を生命保険に変え評価額上昇を防ぐ──

| 63 | 生命保険による自社株式対策の概要 ······ 148
──利益の引下げ・純資産の引下げ・会社規模の調整等──

| 64 | 自社株の評価上、類似業種比準価額が高くなっているので対策したい（1）···· 152
──全額損金算入の定期保険加入で利益引下げ──

| 65 | 自社株の評価上、類似業種比準価額が高くなっているので対策したい（2）···· 154
──利益金と簿価純資産を同時に引下げ──

| 66 | 自社株の評価上、中会社となっているが、評価引下げの対策はないか ······ 156
──会社規模のランクアップで評価引下げ──

| 67 | 自社株の評価が株式保有特定会社で高くなっているので対策したい ······ 158
──株特会社から一般の会社で評価引下げ──

| 68 | 廃業・清算に向け保険を活用したい ······ 160
──借入金返済資金・従業員退職金等の原資を確保──

2. 資産家のニーズと保険提案

| 69 | 相続対策における生命保険の活用法が知りたい ······ 162
──税額引下げ・納税資金確保等を実現──

| 70 | 生前贈与と生命保険加入による相続対策 ······ 164
──贈与されたお金を保険料に投入──

| 71 | 生命保険金を相続した場合の非課税枠 ······ 166
──生命保険金の非課税枠の利用──

| 72 | 相続財産の多い人のための保険活用が知りたい ······ 168
──非課税限度まで保険に加入──

| 73 | 生命保険による遺産分割対策 ······ 170
──保険金で代償分割資金を確保──

| 74 | キャッシュフロー比率の高い資産家へのトータルプランの提案 ······ 172
──保険契約形態で税負担が大きく変わる──

序

フィデューシャリー・デューティーと保険提案のすすめ方

「フィデューシャリー・デューティー」とは、これまでは一般的に「受託者責任」とされてきましたが、金融庁は、これよりも広い意味合いでこの言葉をとらえ、「他者の信任に応えるべく、一定の任務を遂行すべき者が負うべき幅広い様々な役割や責任の総称」としており、現在では金融機関等の「顧客本位の業務運営」のことをこのように呼ぶようになりました。

保険提案をすすめるにあたり、この「フィデューシャリー・デューティー」の考えは重要視しなければなりません。販売担当者がすべきことは、多様化するお客様のニーズに応えるために、一人ひとりの状況や意向を的確に把握し、最適な保障をもった保険商品を適切な保障額で十分な情報とともに提案する必要があることになります。また、例えば貯蓄が必要十分にあり、保険商品で保障を準備する必要がないお客様に対して、それがお客様の真の利益に適うならば、保険の提案をしない選択をする姿勢も「フィデューシャリー・デューティー」を考えると重要になります。

このように「フィデューシャリー・デューティー」を踏まえて保険提案を行っていくうえで重要となる原則が、2017年3月30日、金融庁より「顧客本位の業務運営に関する原則」として公表されました。この原則は、1．顧客本位の業務運営に関する方針の策定・公表等、2．顧客の最善の利益の追求、3．利益相反の適切な管理、4．手数料等の明確化、5．重要な情報の分かりやすい提供、6．顧客にふさわしいサービスの提供、7．従業員に対する適切な動機づけの枠組み等の7つの原則から構成されており、これらは日本における「フィデューシャリー・デューティー」の基本原則となるものと言われております。

この原則が制定された目的は、本来、金融機関等は、金融庁が制定したルールに目を向けるのではなく、これらの原則を踏まえて何が顧客のためになるかを真剣に考え、各社横並びに陥ることなくお客様と向き合い、お客様の利益を第一に考えより良い金融商品やサービスの提供を競い合うよう促していくことにあります。この7つの原則の公表を受け、各金融機関等では、さっそく顧客本位の業務運営に関する方針の策定・公表を開始しておりますが、保険提案を行うにあたり大切なことは、策定した各社の方針に沿って具体的に業務に取り組み、顧客の声を聞き、必要に応じて策定した方針や取組み内容を見直し、「顧客本位」という姿勢を金融機関等が最も重要視すべきものとしていくことにあります。また、販売担当者としても心構えとしてまず「顧客本位」というものを持ち、顧客ニーズに合った保険商品の提案をしっかりと実践していくことです。

一般的に保険に対するお客様の理解はそれほど深いものではなく、自身の保険に対するニーズ自体、よく認識していないことが多いです。お客様は、自身が抱える不安や問題の解決策が欲しいのであって保険商品そのものが欲しいわけではないことをまず理解する必要があります。

　また、お客様が考えていることは、例えば「自分に万が一のことがあった場合の残された家族の生活に支障がないようにしたい」、「老後の生活を安定したものにしたい」、「家族に心配かけたくないので入院や万が一の場合に備えておきたい」、「事業を息子に承継したいので、自社の株価をできるだけ抑えたい」など、非常に多岐にわたります。販売担当者の役割は、このような状況にあるお客様とコミュニケーションを積極的に行い、お客様の本質的なニーズを掘り起こし、保険に入る目的を明確にし、判断に必要となる十分な情報を提供した上で最もお客様の利益を適える有意義な保険を提案することにあります。そのためにも、「フィデューシャリー・デューティー」の姿勢が必要で、手数料が高く自社の収益に寄与する、あるいはこの商品を販売すると営業店や自分自身の成績が上がる等の理由で保険商品を選択してはいけないのです。

　このように、会社や自分本位の保険提案を行うのではなく、「顧客本意」の姿勢に立つことで、お客様からの信頼を得ることができ、結果として、保険の販売額の増加につながっていく可能性が高くなる、つまり金融庁が「顧客本位の業務運営に関する原則」を通じて要請している「フィデューシャリー・デューティー」という姿勢は、販売担当者が目標とする販売件数や販売額の増加に繋がるものでもあると考えられます。

Ⅰ．個人編

Ⅰ. 個人編

就職したので保険料が割安なうちに保険に加入したい

1. 予定死亡率

生命保険契約は、性別と年齢によって保険料が決まる仕組みです。保険料を計算する基礎の一つとして、予定死亡率というものがあります。予定死亡率とは、過去の統計をもとにして、性別・年齢別の死亡者数を予測し、将来の保険金支払いのための必要額を算出します。その算出の際に用いられる死亡率を予定死亡率といい、保険料算定の基礎となるものです。

厚生労働省の「簡易生命表」平成26年によると、男性の平均寿命は80.50歳、女性は86.83歳となっています。また、20歳の男性の平均余命は60.90年で、60歳の男性の平均余命は23.36年ですから、保険料もその差を反映し、より若いほうが保険料は安く、また男性より女性のほうが安くなります。

2. 20代の保険の入り方

就職したばかりの時期は給料も安く、例え保険に加入しようと思っても、支払い可能金額に限りがあります。また保険の必要性という観点からも、一般的に独身の方は、配偶者や子供がいる家庭と比べて、必要保障額は低くなります。

したがって20代の場合、大型の保障を持つということではなく、健康で保険料も安いうちに、将来に備えて何か一つベースになる保険を確保しておくのが良いでしょう。

(1) 保険期間による保険料の違い

同じ保障額でも保険期間により保険料が異なります。

保険会社の営業担当者から新入社員でも死亡保障3,000万円くらいのものに入ったほうが良いなどと言われ、そのまま契約するケースも多々あるようですが、その保障額がいつまで続くのかを必ず確認しましょう。

(2) 年齢が若いうちに契約するメリット

保障額が高く、保険期間が短い商品を選んだ場合、若いので安い保険料で契約した権利であってもその保険期間の終了と同時に消滅します。保障を継続する場合は、10年後、20年後の年齢での保険料となりますから、若いうちに無理して契約した意味がなくなります。

保険年齢が若く、保険料が安いメリットを最大に活かしたい場合は、終身保障契約か、もしくは定期保険でも保険期間の長い契約をすると良いでしょう。

図表　保険期間と保険料の関係

【例】死亡・高度障害保険金額5,000万円、被保険者：25歳男性

保険期間	10年	20年	30年	終身
保険料支払期間	10年	20年	30年	30年
保険料（口座／月払）	7,450円	8,950円	12,500円	108,600円

1. 個人顧客のニーズと保険提案

終身保険・定期保険の提案

ご提案のポイント
・終身保険と定期保険、それぞれの長所を利用します。

1. 終身保険の特徴
① 保障期間が終身続く
② 貯蓄性が高い
③ 保険料が高い
④ 支払期間は短いもので10年くらいから、50歳、60歳といった歳満了のタイプなど契約時に選択できます。最も長い支払期間は終身払いとなり、保険料は最も安いのですが、支払期間が文字通り終身となる点が問題でもあります。

図表 終身保険における支払期間と保険料の違い
【例】死亡・高度障害保険金額5,000万円、被保険者：25歳男性

支払期間	保障期間	保障額	保険料（口座／月払）	総支払保険料
10年	終身	5,000万円	284,300円	約3,412万円
50歳（25年）	終身	5,000万円	126,250円	約3,788万円
60歳（35年）	終身	5,000万円	96,350円	約4,047万円
終身払い	終身	5,000万円	68,700円	80歳時点で約4,534万円

2. 定期保険の特徴
① 保険期間が最も短いものは1年、長いものは100歳までであり、保険期間が長さに比例して、保険料も高くなります。
② 必ずいつかは保険期間が終了し、その期間中に死亡保険金の支払いがなかった場合、解約金はゼロとなり、完全な掛捨て保険となります。
③ 保険期間がいったん終了しても、被保険者の年齢が80歳に到達するまでは、80歳まで契約を更新することが可能です。但し、保険料はその更新時ごとの年齢で計算されます。
④ 保険期間の途中で解約した場合は、無解約返戻金タイプを除き解約金があります。

図表 定期保険における保険期間と保険料の違い
【例】死亡・高度障害保険金額5,000万円、25歳男性

保険期間	支払期間	保障額	保険料（口座／月払）	総支払保険料
1年	1年	5,000万円	7,150円	約8万6,000円
5年	5年	5,000万円	7,150円	約43万円
10年	10年	5,000万円	7,450円	約90万円
25年	25年	5,000万円	10,450円	約314万円
30年	30年	5,000万円	12,500円	約450万円
80歳	80歳	5,000万円	36,150円	約2,386万円
100歳	100歳	5,000万円	62,600円	約5,634万円
100歳	55歳	5,000万円	99,400円	約3,578万円

Ⅰ．個人編

結婚・出産を控えているので、保障の厚い保険に加入したい

1．必要保障額

必要保障額とは、世帯主が亡くなった場合、残された遺族が生活していくために必要となる金額のことです。一般的によく使われる計算式は以下です。

「必要保障額」＝ ①末子独立までの遺族の生活費＋②末子独立後の配偶者の生活費＋③別途必要資金

①末子独立までの遺族の生活費

現在の生活水準を基準として、以下のように計算します。

現在の年間生活費の7割×（末子の独立時年齢－末子の現在の年齢）

②末子独立後の配偶者の生活費

末子が独立した後、配偶者が平均余命まで生活する期間は、現在の生活費の5割を目安として計算します。

現在の年間生活費の5割×末子独立後の配偶者の平均余命

③別途必要資金

主に子供の教育資金、住居費用、予備費など生活費以外に必要となる金額を見積もります。

2．社会保障・企業の保障部分

上記「必要保障額」から、遺族年金などの社会保障や、サラリーマンの場合は死亡退職金や弔慰金といった企業保障を引いた、その残りの部分が、「実質的な必要保障額」となります。

「実質的な必要保障額」＝必要保障額－（社会保障＋企業保障）

3．必要保障額をカバーするための保険

一般的な算式は上記になりますが、個々家庭の生活設計や教育方針によって、必要とする保障額は異なります。

例えば、大学生の教育費の調査（文部科学省「平成28年度 私立大学入学者に係る初年度学生納付金平均額（定員1人当たり）の調査結果について」）によると、最も高額な医歯系学部の場合、初年度の納付金額は、授業料290万円、入学料101万円、施設設備費88万円、計479万円あまり必要になります。6年間在籍した場合、授業料だけで1,700万円以上かかりますので、各種費用を含めた総額は3,000万円を超えるケースもあるようです。

その進路の可能性がある場合、やはりそれに見合った保障額を確保したいと思うでしょう。

このように具体的な状況に応じて、必要とする保障額が決まり、保障が必要な期間も想定されます。一生継続してその高額な保障額を確保する必要性はないので、この場合、保険料の割高な終身保険で準備する必要はありません。一定期間を厚く保障すればよいので、保険期間の定まった定期保険を組み、安い保険料で、必要な保障額を必要な期間確保すると良いでしょう。

1. 個人顧客のニーズと保険提案

定期保険、定期付終身保険の提案

ご提案のポイント
・ライフステージにあわせた定期保険を利用します。
・全期型は更新がなくトータルの保険料は安くなります。

1. 定期保険

子どもが成長するまでの間、大型の保障を安く確保したい場合、定期保険で準備するケースが多いでしょう。現在、定期保険は、保険会社によっては、喫煙、非喫煙といった区別に加え、身体の状態に応じて、優良体といったより有利な保険料が設定できる商品があります。

【例】30歳男性　定期保険20年、死亡・高度障害保険金額5,000万円

料率区分	死亡・高度障害保険金	保険料（口座／月払）
標準体	5,000万円	11,400円
喫煙優良体	5,000万円	11,000円
非喫煙標準体	5,000万円	9,700円
非喫煙優良体	5,000万円	9,250円

2. 定期付終身保険

定期保険部分を特約とし、ベースに終身保険が主契約としてあるタイプの保険です。別々に入っても同じ仕組みですが、一つの商品としてパッケージ化されて販売されています。定期部分のタイプによって、更新型と全期型があります。

①更新型

主契約の終身保険の払込終了までの間、10年、20年といった短い期間の定期保険を更新し続けていくタイプです。主契約が終身払いの場合、最長で80歳まで更新します。更新の都度、保険料が更新時の年齢で計算されるので、トータル保険料は割高になります。

②全期型

主契約の終身保険の払込満了と定期保険の保険期間を合わせたもので、更新はしません。保険期間の途中で保険料がアップすることはなく、契約当初の保険料は更新型より高いですが、トータル保険料は安くなります。

契約更新時の注意点＜更新型＞
同じ保障額でも更新ごとに保険料はアップします

Ⅰ．個人編

 子供の教育資金・結婚資金を準備したい

1．教育資金の準備としての学資保険（子ども保険）

　子どもの教育資金は公的にかかる費用以外に、塾や習い事などもあり、大学卒業までを考えると相当な資金が必要になってきます。まして他は節約しても、学費には十分な費用をかけたいと思う親心もあり、なるべく早くから教育資金準備を始めたいと考える人が多いようです。

　いわゆる学資保険（子ども保険）は、教育資金を確保することを目的に設計された貯蓄性のある生命保険です。一般的に以下のような特徴があります。

① 保険料が積み立てられ、子どもの進学時に祝い金が受け取れます。
② 18歳といった大学入学時や、22歳の大学卒業時に満期を迎え、満期保険金が受け取れます。
③ 保険期間中、契約者である親が亡くなった場合、以降の保険料に支払いが免除され、祝い金や満期金はそのまま受け取れます。育英年金や一時金が給付されるタイプもあります。

　原則として、親が契約者になり、契約者である親に万が一のことがあっても、契約が継続できる仕組みですが、その分純粋に学費を準備する預貯金と違い、貯蓄性が高い保険ではあるものの、祝い金や満期金の合計額が元本割れするケースもあります。

2．学資保険（子ども保険）以外の保険を使った教育・結婚資金準備方法

　学資保険の場合、子どもの進学時に連動して祝い金や満期金が下りる仕組みですが、連動はしないものの、15年満期や、20年満期といった時期に満期を設定したり、その時期に合わせて解約する前提で設計することによって、高い貯蓄性をもった保険を組むこともでき、結婚資金の準備にもなります。

　この場合、学資保険では小学校入学といった契約をして5～6年で最初の祝い金が支給されますが、そのように短い期間での準備ではなく、最短でも10年くらい先の資金準備に向いています。

　商品としては、一般的に貯蓄性が高いといわれる養老保険ばかりではなく、保険期間の長い定期保険で、保険料支払い期間を短く設定したものや、終身保険で同様に支払い期間を短く設定したものとなります。年金商品でも個人年金保険料控除を受ける契約でなければ、契約者が自分の家庭の状況に応じ、ある程度任意に積立期間など設定でき便利です。

　学資保険と違い、契約可能な被保険者の年齢範囲の関係上、契約者だけではなく、被保険者も親とし、たとえ子どものための保険であったとしても、契約上は子どもを被保険者に設定しないこともあります。あくまでも満期金や解約金の返戻率を目的に契約します。

1. 個人顧客のニーズと保険提案

学資保険（子ども保険）、貯蓄性保険の提案

ご提案のポイント

・教育資金としては学資保険を、結婚資金としては貯蓄性保険をおすすめします。

1. 学資保険（子ども保険）の例

契約者：30歳男性、被保険者：0歳男性
22歳満期、基準保険金100万円、保険料（口座／月払）6,254円

2. 貯蓄性保険の例

契約者：30歳男性、被保険者：30歳男性
保険期間98歳、保険料支払期間：15年、保険料（口座／月払）18,040円
死亡・高度障害保険金額500万円≪15年間低払い戻し期間型≫

経過年数	死亡保険金	払込保険料累計	解約返戻金	返戻率
1年	500万円	216,480円	125,500円	57.9%
5年	500万円	1,082,400円	730,500円	67.4%
10年	500万円	2,164,800円	1,529,500円	70.6%
15年	500万円	3,247,200円	2,369,000円	72.9%
16年	500万円	3,247,200円	3,417,500円	105.2%
18年	500万円	3,247,200円	3,485,000円	107.3%
22年	500万円	3,247,200円	3,620,500円	111.4%
35年	500万円	3,247,200円	4,063,500円	125.1%
50年	500万円	3,247,200円	4,484,000円	138.0%
68年	500万円	3,247,200円	0円	0.0%

　子どもの教育や結婚資金準備という目的で、契約して16年から30年くらいまでの資金需要に応じて解約することになります。あくまでも定期保険であるため、保険期間終了時には解約金はゼロになる点、注意が必要です。

Ⅰ. 個人編

④ 住宅購入した後の保障を考えたい

1. 団体信用生命保険

　団体信用生命保険とは、住宅ローン利用者が死亡・高度障害状態になった場合、残りの住宅ローンを返済するために加入する保険です。債権者である銀行等金融機関が契約者および保険金受取人となり、融資を受けている住宅ローン利用者が被保険者となります。民間の金融機関では団体信用生命保険の加入が貸付の条件となっているケースも多く、保険料はローンの返済額に含まれています。

　保険金額は住宅ローン残高と同額となり、ローン残高が返済によって減っていくに伴って、保障額も減額していきます。保険期間の開始は住宅ローンの開始日と同じになり、保険期間の終了も住宅ローン完済日と同じになります。

　したがって通常住宅を購入し、ローンを組んだ場合、世帯主が死亡しても、ローンだけ残るということはないようになっています。

　そのため住宅を購入せず、賃貸住宅に住んでいる家庭で世帯主に万が一のことがあった場合のほうが、その後の住まいの心配があり、保障額もその分多く必要になります。

2. 死亡保険金額の見直しと病気の場合の保障

　団体信用生命保険に加入するのは、住宅ローン設定と同時のため、新たに生命保険に加入したという認識を持ちにくいのですが、これは新しく生命保険に加入したのと同じことです。それまで契約していた生命保険の保険金額の見直しをしても良いでしょう。

　ただし団体信用生命保険で保障されるのは、死亡時と高度障害状態の場合に限ります。3大疾病付等の特約付の団体信用生命保険に加入しない限り、病気で働けなくなった場合などは対象になりません。収入が減少しても、住宅ローンはそのまま残りますから、住宅購入後は、世帯主の疾病に対する備えも考えましょう。

3. 団体信用生命保険がない場合

　団体信用生命保険がない場合、借入金の返済にある程度連動するように保険金額が減額していくタイプの保険種類があります。逓減定期保険といわれるもので、保険金額が年々減っていく仕組みです。似たタイプに収入保障保険というものもあります。これは被保険者に万が一のことがあった場合、遺族は保険金を一時金で受け取るのではなく、月額または年額いくらという契約時に設定した収入保障金額を、一定期間受け取れる仕組みの保険です。ローンの返済のためではなく、純粋に遺族の生活保障的な意味合いの保険でもあります。なお受取人の希望があれば、一時金としての受取も可能です。

逓減定期保険、収入保障保険への加入、既存の保険の転換・減額など

ご提案のポイント
・団体信用生命保険がない場合は、逓減定期保険、収入保障保険が活用できます。
・既存の保険の見直しも重要です。

1．逓減定期保険の例

40歳男性　1年目の死亡・高度障害保険金5,000万円　保険期間：25年（65歳まで）

保険金額は2年目から最終年度まで毎年基本保険金の20分の1ずつ逓減するパターン

経過年数	死亡保険金	払込保険料
1年	50,000,000円	147,600円
5年	43,335,000円	738,000円
10年	35,000,000円	1,476,000円
15年	26,665,000円	2,214,000円
20年	18,335,000円	2,952,000円
25年	10,000,000円	3,690,000円

2．収入保障保険の例

40歳男性　保障額：月額17万円　保険期間：65歳（25年）　保険料支払期間65歳（口座／月払）

保険年度	死亡・高度障害保険金額	一括受取の場合
1年目	5,100万円 （17万円×12カ月×25年）	4,182万円
5年目	4,284万円 （17万円×12カ月×21年）	3,629万円
10年目	3,264万円 （17万円×12カ月×16年）	2,881万円
15年目	2,244万円 （17万円×12カ月×11年）	2,065万円
20年目	1,224万円 （17万円×12カ月×6年）	1,175万円
25年目	204万円 （17万円×12カ月）	987万円

3．既存の保険の転換、および減額

①転換制度の活用

　現在の契約を下取りにして、新たな保険を契約する方法です。現在の契約の積立部分や配当金を転換価格として、新しい契約の一部に充当させます。

　現在の保険内容を変更したい場合に利用しますが、主に定期保険部分の増額や保障期間の変更などに向いています。ただし転換にあたっては様々な条件があるので、それをクリアする必要があります。自分の希望とその条件が合理的にマッチする場合は有効ですが、そうでない場合は無理に転換制度を利用して、不必要な保障内容に、その後保険料を支払う必然性はないでしょう。

②減額

　保険金額の減額はいつでも可能です。

　もし現在の保障額が団体信用保険に加入したことによって不要になれば、減額するのも一つの選択です。ただし減額はいつでもできますが、増額は自由にはできません。増額は結局新たな保険に加入する扱いになりますから、新たに健康診断が必要で、その時の年齢で保険料も再計算されます。

Ⅰ．個人編

⑤ 万一の病気やケガに備えたい

1．医療保険の種類
（1）医療保険単独タイプと特約タイプ
　病気やケガに備える医療保険は、医療保険を単独で契約するタイプと、死亡保障その他の保険に特約として付加するタイプがあります。

　特約として付加するタイプは主契約が消滅すると、特約だけ継続することはできません。

（2）家族特約タイプ
　本人の医療保険に配偶者や子どもを家族特約として付けることもできるタイプがありますが、これも主契約となる本人が死亡し契約が消滅すると、家族部分の医療保障も無くなってしまいます。特に世帯主である男性の医療保険に妻の医療保障を特約で付けるような場合、一般的には男性のほうが平均寿命が短く、男性が先に死亡すると、妻の医療保障は無くなってしまいますので、別々に契約するほうが良いでしょう。

2．主な医療保険の内容
（1）病気やケガの保障を主とする医療保険
　病気やケガで入院したり、手術した場合に給付金が受け取れる保険です。医療保障を主たる目的にしており、死亡時の保障はないか、あっても少額となります。

　主たる契約は疾病の入院保障で、特約として、長期入院特約や通院特約、女性疾病特約、生活習慣病入院特約、ガン入院特約、先進医療特約など、プラスの保障を付けることができます。

（2）ガン保険
　保障の対象をガンに特定した医療保険です。ガンにより入院・手術した場合、ガンと診断された場合や、ガンによる死亡の場合、保険金が支給されます。

　ガン保険の入院給付金の支払い限度日数は無制限となります。

　ガン保険には様々な種類があり、最近ではガンの入院給付ではなく、ガンになって働けなくなった場合の収入を保障するような保険もあります。

（3）特定疾病保障保険
　ガン・急性心筋梗塞・脳卒中により所定の状態になった場合、死亡保険金と同額の特定疾病保険金が支給されるタイプの保険です。

3．保険の期間
　医療保険も死亡保険の商品同様、保険期間によって、定期保険タイプと終身保険タイプがあります。定期保険のタイプは、保険期間に限りがあり、一定の期間中の保障となります。終身保障のほうは、文字どおり終身に亘って保障が続きます。現在、単独の医療保険では終身保険タイプが主流です。定期保険タイプは、死亡保障を主契約とする保険に特約として付加する場合が多いようです。

1. 個人顧客のニーズと保険提案

医療保険・医療特約の提案

ご提案のポイント
・一般的な病気やケガを保障するタイプと、ガンなど特定疾病に限って保障するタイプがあるので、ライフステージに合わせた検討が重要です。

1. 医療保険の場合

【例】主契約の保障内容：疾病・災害で入院したとき　入院給付金1万円

入院は初日から支給で、1回の入院につき60日を支払い限度とし、保険期間通算で1,095日。手術給付金は入院日額の10倍。

特約：先進医療特約（保険期間通算で1,000万円を限度）

損保系生保

保険期間	保険料支払期間	40歳男性の場合の保険料（口座／月払）	40歳女性の場合の保険料（口座／月払）
10年	10年	3,417円	3,237円
65歳	65歳	4,047円	3,477円
終身	65歳	7,938円	7,976円
終身	終身	5,627円	5,167円

2. がん保険の場合

【例】主契約：ガン入院給付金　日額1万円

特約：ガン診断給付金…100万円、在宅療養給付金…20万円、ガン先進医療特約…通算で1,000万円、ガン死亡保険金100万円

損保系生保

保険期間	保険料支払期間	40歳男性の場合の保険料（口座／月払）	40歳女性の場合の保険料（口座／月払）
10年	10年	1,776円	2,258円
終身	65歳	7,887円	6,255円
終身	終身	5,406円	4,122円

Ⅰ. 個人編

6 就業不能に備えた保険に加入したい

1. 就業不能保険とは

就業不能保険は、被保険者が病気やケガによって、長期間入院や自宅療養が必要となり、給与などの収入が途絶えた時にその損失の補てんに備えるための保険です。

病気やケガで働くことができなくなったときには、医療保険で医療費自体をカバーできたとしても、生活費をカバーすることができません。就業不能保険は、この生活費の一部保障を考えるために必要なものです。主な特徴は以下の点です。

保障形式	毎月の定額払い
保障期間	中長期の期間
免責期間	60日間など免責期間あり

なお、短期的な就業不能に対応するための保険としては、損害保険会社が販売する「所得保障保険」があります。この保険は、免責期間が1週間程度のものから用意されています。

2. 就業不能時の公的保障制度

就業不能保険の検討を行う場合、まず現在の社会保障制度で保障される内容を理解しておくことはとても大切です。

(1) 傷病手当金

業務外の病気やケガで働けなくなった時で一定の場合、支給開始日から最長で1年6カ月間は、傷病手当金を受け取ることができます。受け取れる金額は、基本給のおよそ3分の2となります。

(2) 障害年金

障害年金は、障害状態になり、一定の受給条件を満たした場合に受け取れる年金です。受け取れる年金額は、その方の収入や障害等級、お子様の有無などで異なります。

3. 所得税の取扱い

(1) 就業不能保険金収入

「身体の傷害に基因して支払を受ける保険金」に該当し、所得税は非課税です。

(2) 保険料控除

支払った保険料は、介護医療保険料控除の対象となります。

(3) 必要経費

個人事業主がこの保険料を支払ったとしても、「業務について生じた費用」ではないため、事業所得の必要経費に算入することはできません。

4. 就業不能保険の提案

自営業者など、公的保障が会社員などに比べて少ない顧客は、自身が働けなくなった場合、突然大幅に収入が落ちることになってしまうため、その備えとしてご提案することになります。

一方、会社員など公的保障がある場合でも、その公的保障だけでは不足する部分が補えないとお考えの顧客には、就業不能保険をご提案することになります。

1. 個人顧客のニーズと保険提案

就業不能保障を絡めた保険の提案

ご提案のポイント

- 病気やケガ等により就業不能となった場合、傷病手当金制度があるサラリーマンとこの制度がない自営業者では用意する保障が異なります。
- 就業不能保険を検討するときに、既に加入している死亡リスクや医療費リスクに備えた保険も含め再度分析し、考えている保障内容に認識のズレがないか、必要な保障が重複していないか検討します。

1. 公的保障されない部分の確認

会社員が加入する『健康保険』では、「病気やケガが長引いて働けなくなってしまったとき」に支給される「傷病手当金」がありますが、自営業の方の『国民健康保険』はこの「傷病手当金」がありません。それぞれの状況に応じた不足部分を補うことができる就業不能保険の提案が必要となります。

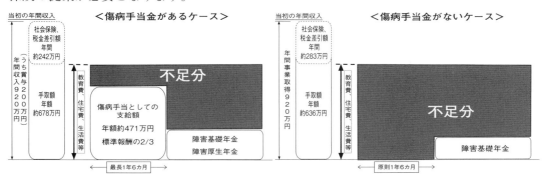

2. 保険見直しのポイント

就業不能保険を加え、主に次の項目を考え全対的な保険の見直しを行います。
「働けなくなるリスク」を踏まえた全体的な保険見直しプランを考えます。

項　目	検討ポイント
保険の加入目的を再度確認し、それぞれの目的に応じ保険の要否を検討します。	働けなくなるリスクへの対応が必要であるか確認します。
現在必要な保障額を考え、不要な特約は削減するなど、保険全体の見直しをします。	死亡や高度障害となった場合と就業不能となった場合の必要補償額は異なります。
それぞれの保険の保障内容を確認します。	うつ病の場合には対象とならないなど、適切な保障内容か確認します。
必要となる保障期間を考えます。	短期的な就業不能に対応するためには、所得保障保険も含め検討します。

Ⅰ. 個人編

⑦ 3大疾病や先進医療に備えたい

1. 3大疾病保障保険について

「がん」「急性心筋梗塞」「脳卒中」の3つの病気に備えるのが3大疾病保障保険です。「がん保険」だけに加入しているよりも安心が得られる保険になります。この保険では「がん」と診断された場合、待機期間が過ぎていれば、診断給付金が支払われます。しかし、「急性心筋梗塞」「脳卒中」の場合は、保険会社の定める一定の状態になっていないと給付金が下りません。一定の状態の定義は保険会社ごとに異なります。例えば「急性心筋梗塞」の場合は「60日以上、労働の制限を必要とする状態（軽い家事等の軽労働や事務等の座業はできるが、それ以上の活動では制限を必要とする状態）が継続したと診断されたとき」のような条件が定められています。「脳卒中」の場合は「60日以上、他覚的な神経学的後遺症（言語障がい、運動失調、麻ひ等が対象）が継続したと診断されたとき」と定められています。「急性心筋梗塞」と「脳卒中」の場合は、加入にあたり支払をしっかり確認する必要があります。この保険は3つの病気に備えるものであるため、年齢が上がるにつれ保険料は高くなっていますので、その点も留意すべきです。

2. 先進医療保険について

先進医療とは、将来的に保険導入が期待されている医療技術で、厚生労働大臣が承認したものをいいます。「先進医療に係る技術料」は全額自己負担となり、技術料以外の費用は、公的医療保険の対象となります。具体的には、診察代、投薬代、入院費などは公的医療保険が適用され、この部分については高額療養費制度の対象になります。

先進医療に備えるための保険が先進医療保険です。医療保険の特約としての「先進医療特約」での契約が多くなっており、比較的安い保険料で加入できます。「病気により先進医療を受ける可能性は高いのか」と言われるとそこまで高くないのが現状で、特約を必要としない考え方もありますが、安い保険料で万が一のために備える点で加入を検討することも有用と言えます。

3. 3大疾病、先進医療保険の所得税の取扱

支払った保険料は生命保険料控除の対象になり、支払いを受けた給付金は非課税になります。給付金は入院や手術に関連して受け取るものではないので、医療費控除額から差し引くことも不要です。

(参考資料)「三大疾病」の平均在院日数

病　名	平成23年調査時	平成26年調査時（最新）
がん	19.5日	18.7日
急性心筋梗塞	21.9日	20.3日
脳卒中	93.0日	89.5日

出典：厚生労働省「患者調査」（平成23、26年）

1. 個人顧客のニーズと保険提案

3 大疾病保障保険の特徴

> **ご提案のポイント**
> - 3大疾病保障保険は、日本人の死因トップ3となっている「がん（悪性新生物）」「急性心筋梗塞」「脳卒中」に対応する保険です。
> - 3つの病気に備えた保険であるため、加入にあたっては、保障の範囲、支払要件をしっかり確認することが大切です。
> - 特に「急性心筋梗塞」や「脳卒中」の場合、給付金の支払条件は「一定の状態になっている」ことを必要としており、要件が厳しくなっています。
> - 病気が再発した時の保障がどうなるのかもしっかりと確認するようにします。

三大疾病保障保険とがん保険の相違点

	三大疾病保障保険	がん保険
特徴	「がん」「急性心筋梗塞」「脳卒中」の3大疾病になった時に備えた保障内容	がん治療に特化した保障内容
メリット	・死亡原因の50％を超える病気に備えられる ・終身保険では途中解約の返戻金の割合が比較的高い	・診断給付金、入院給付金、手術給付金、通院給付金など給付金が支払われる条件が多い ・再発する可能性があるため複数回の保障がある商品もある ・入院給付金は日数の限度がない
デメリット	・がん保険と違い特約が充実していない ・支払要件が厳しめに設定されている	・がん以外の病気やけがの治療においては保障されない

参考：日本人の死因数と割合

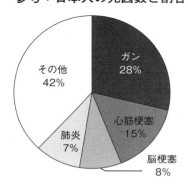

死因	死亡数 (人)
ガン	373,334
心筋梗塞	204,837
脳梗塞	109,880
肺炎	96,841
その他	555,505
合計	1,340,397

出典：厚生労働省「平成29年（2017） 人口動態統計（確定数）の概況」より作成

Ⅰ. 個人編

8 介護が必要になる場合に備えた保険に加入したい

1．公的介護保険とは

介護保険制度は、介護が必要になった時に介護サービスが受けられる国の社会保険制度です。40歳以上の人が被保険者となり、介護保険料を納めます。介護認定された時に、費用の一部（原則1割）を支払い、介護サービスを受けることができます。被保険者は、65歳以上の方が「第1号被保険者」、40〜64歳の人が「第2号被保険者」となり、1号と2号では、介護サービスを受けられる条件や保険料などが異なります。

（1）65歳以上の「第1号被保険者」

要介護状態になった原因が何であれ、公的介護保険のサービスを利用することができます。

（2）40〜64歳の「第2号被保険者」

下表の16種類の特定疾病により要介護状態になった場合に限り、介護サービスを利用することができます。それ以外の原因で要介護状態になった場合は、公的介護保険によるサービスは受けられません。

2．民間保険会社の介護保険

介護状態は往々にして長期間にわたることになり、介護に要する費用は大きな負担になります。公的介護保険では賄えない分の備えとして民間保険会社の介護保険を利用することになります。民間保険会社の介護保険は、公的介護保険制度のような年齢に応じた対象制限はなく、保険会社の定める条件にそぐえば誰でも加入することができます。契約形態は、介護保険のみを対象とした主契約のものもあれば、生命保険の特約の場合もあります。保険料は、加入する商品や加入年齢などによって上下します。

3．介護に関する所得税の取扱い

（1）介護保険金収入

介護保険の保険金は、「身体の傷害に基因して支払を受ける保険金」に該当し、所得税は非課税となります。

（2）医療費控除

公的な介護保険制度を利用することで、介護医療費の負担を軽減することができますが、介護内容によって自己負担分を医療費控除の対象にできます。介護に係る医療費控除の内容は詳細に定められており、国税庁HPで確認することができます。

1	初老期における認知症（アルツハイマー病、脳血管性認知症等）	9	多系統萎縮症（シャイ・ドレーガー症候群等）
2	脳血管疾患（脳出血、脳梗塞等）	10	脊柱管狭窄症
3	関節リウマチ	11	糖尿病性神経障害、糖尿病性腎症、糖尿病性網膜症
4	骨折を伴う骨粗しょう症	12	閉塞性動脈硬化症
5	筋萎縮性側索硬化症	13	慢性閉塞性肺疾患（肺気腫、慢性気管支炎等）
6	パーキンソン病関連疾患（進行性核上性麻痺・大脳皮質基底核変性症・パーキンソン病）	14	両側の膝関節または股関節に著しい変形を伴う変形性関節症
7	脊髄小脳変性症	15	後縦靭帯骨化症
8	早老症（ウェルナー症候群）	16	末期がん（自宅療養中で、小児がん等を除く）

1. 個人顧客のニーズと保険提案

介護が必要になる場合に備えた保険の提案

ご提案のポイント

・収入がなくなるリスクは、病気やケガの時だけでなく、要介護状態になった時にも発生します。この状態になると長期の介護期間が想定されることも考えられます。さらに、介護費用が公的介護保険だけではまかなえず、残された家族の経済的負担が重くなるリスクも考えられます。
・国の制度において公的介護保険制度がありますが、65歳以上の方が対象になっています。40歳から65歳未満の方は要介護・要支援認定を受けたとしても16の特定疾病に該当しない限り、支給されないのが現状です。

1. 介護保険の選択

民間の介護保険は、要介護状態になった時に、一時金形式か年金形式のいずれかの形式で給付金を受けることになります。支給条件となる「要介護状態」の判断は、「公的介護保険の状況と連動する」ことが多いですが、各保険会社の独自基準が設定されることもあります。保険期間については定期型と終身型があります。介護は60歳を超えてから必要になるケースが多く、長期の介護期間のことを考慮すると終身タイプが主軸商品と考えられます。

2. 介護保険加入の検討ポイント

民間の介護保険に加入する目的を明確にし、必要補償額を確認した上で、適切な保険金額の保険に加入します。就業不能保険と同様に次の項目を検討のうえ、全体的な保険の見直しを行い状況に適した保険に加入することを考えます。

項　目	検討ポイント
保険の加入目的を再度確認し、それぞれの目的に応じ保険の要否を検討します。	介護状態による収入がなくなるリスクへの対応が必要であるか確認します。
現在必要な保障額を考え、不要な特約は削減するなど、保険全体の見直しをします。	要介護状態となった場合、公的介護保険の受給があるのかを確認し、必要補償額がどのくらい必要か確認します。
それぞれの保険の保障内容を確認します。	介護保険の場合、支払い条件となる「要介護状態」の基準が保険会社によって異なるため、支給の要件を正確に確認します。
必要となる保障期間を考えます。	定期にするのか、終身にするのかの介護期間を考えた保障期間を確認します。

Ⅰ. 個人編

⑨ 病気療養中でも入れる保険はどんなもの

1. 健康上の問題があると保険は入れないのか

（1）告知義務

　生命保険は多くの人が保険料を出し合って、互いに保障をする制度です。健康状態の良くない人が、健康な人と全く同じ条件で契約をすると、契約者間の公平が保てなくなります。そのため契約に当たっては、現在の健康状態や過去の傷病歴、職業などの事実を告知する必要（告知義務）があります。

（2）条件付契約

　告知の結果、生命保険の加入ができないこともあります。反対に告知をしても無条件で契約できることもあります。病気が完治して一定年数を経過していたり、現在、薬を服用していても、場合によっては無条件となる可能性があります。

　また割増保険料や保険金の削減などという一定の条件が付くこともありますが、その場合、その条件を承諾すれば、契約することができます。

（3）保険金削減

　保険契約時から一定の期間内に死亡した場合は、経過年数に応じて死亡保険金が削減されて支払われるものです。一定期間は5年を超えることはなく、その削減期間を過ぎると、保険金全額が受け取れるようになります。

　また医療関係の特約や、医療保険などで、「特定部位不担保」という条件が付くケースもあります。これは例えば数年前、胃潰瘍になったとか、子宮筋腫で入院したが、現在は治っているような場合、入院給付金や手術給付金などの保障をつけることはできるけれども、「胃」の病気で入院した場合や「子宮関係」の病気で入院した場合は、契約から一定の期間内はその身体の一部（部位）に限って、給付金が支払われないなどとする条件です。

2. 健康状態に不安のある人が簡単な告知で加入できる医療保険

　従来の告知や診査を必要とする場合加入できなかったような人でも、加入条件を当初から緩和して引き受けるタイプの医療保険があります。保険料は通常の保険より、高めに設定されています。

　「限定告知型」「引受基準緩和型」「選択緩和型」などと呼ばれています。

3. 告知や診査なしで加入できる保険

　「無選択型」と呼ばれる保険で、告知や診査を必要としません。現在、終身保険と医療保険の2種類があります。ただ告知や診査をしてから契約する保険と比べて、様々な制約がありますし、当然保険料も割高となります。その主な制約は、契約後一定期間内の保険金の支払制限です。

1. 個人顧客のニーズと保険提案

告知緩和型保険、無選択型保険の提案

ご提案のポイント
・告知項目が簡単な保険もありますが、加入できても保障が減額されたり、死亡保険金が出ない商品もあることを理解してください。

1. 簡単な告知のみで加入できる医療保険の主な告知内容

概ね以下のような告知項目があり、一般の医療保険の告知より簡単ですが、そのうち1つでも該当する項目があれば、加入は困難です（会社によって、項目は多少異なります）。また加入できた場合も契約後1年間は保険金が半額となっています。

イ）現在、がん・肝硬変と診断されている
ロ）過去2年以内に入院・手術をした
ハ）過去5年以内にがんで入院・手術をした
ニ）今後3カ月以内に入院・手術の予定がある
ホ）現在までに公的介護保険の要介護認定を受けたことがある

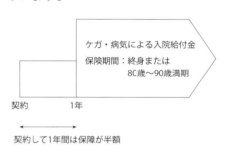

ケガ・病気による入院給付金
保険期間：終身または
80歳～90歳満期

契約　1年

契約して1年間は保障が半額

2. 無選択型の保険

（1）無選択型終身保険の主な制限

①月払、年払タイプ

契約して2年間など一定期間は疾病によって死亡した場合、既に支払った保険料相当額が支払われるのみで、死亡保険金は出ません。

加入できる保険金額に上限があり、一般的には300万円くらいまでとなります。

②一時払タイプ

保険金の制限はないが、一時払保険料と死亡保険金額が同額なのが特徴です。また、解約金は運用実績により変動するタイプと固定のタイプがあります。

主に死亡保険金の相続税非課税枠確保目的に使われます。

（2）無選択型医療保険の主な制限

契約して90日間など一定期間は給付金の支払い対象となりません。

契約前から発症していた病気で入院・手術をしても対象とならないこともあります。

保険期間は5年、10年といった定期型であり、終身保障ではないことが多いので保険期間を確認しましょう。

Ⅰ．個人編

10 老後資金が心配

1．ゆとりある老後の生活費はいくら必要か

金融広報中央委員会「平成30年　家計の金融行動に関する世論調査」によると、「老後の生活が心配である」が79.2％にもなっています。

また、老後の生活を心配する理由は、「年金や保険が十分でないから」（72.6％）、「十分な金融資産がないから」（69.0％）の順となっていて、不安な理由は金銭的な要素が大きいようです。

では、老後の生活費はいくらくらい必要でしょうか。

生命保険文化センターが行った意識調査では、夫婦2人で老後生活を送る上で必要と考える最低日常生活費は平均22.3万円になっています。

さらにゆとりある老後生活を送るための費用は、平均で36.6万円で、公的年金だけでは不十分な金額となってしまいます。

2．個人年金保険

個人年金保険には、大きく分けて個人年金保険と変額個人年金の2種類があります。

（1）個人年金保険

契約時に将来の年金額や受取期間を決めて契約するもので、年金額は運用実績によって左右されません。年金を受け取る期間によって種類があり、主なものは以下の2種類です。

①確定年金

10年確定年金、15年確定年金などといった種類があり、その間年金が受け取れます。受取期間中に被保険者が死亡した場合は、残りの年金は遺族（後継年金受取人）に支払われます。

②保障期間付終身年金

被保険者が生存している限り終身に亘って年金が支払われますが、保障期間後に死亡した場合、以降の年金は打ち切りになります。

（2）変額個人年金保険

投資性が高い生命保険の1つで、株式や債券を中心に運用され、その運用の実績に応じて年金額が増減する年金保険です。運用リスクは契約者個人が負うことになります。

年金額は年金受取開始後一定のタイプと、開始後も運用実績によって変動するタイプとがあります。

保険料の支払いは、一時払い商品が主流で、支払い後（契約）一定期間据え置いて、据置期間終了後年金としての受取が開始となります。

1. 個人顧客のニーズと保険提案

個人年金保険、年金受取の終身保険

ご提案のポイント
・個人年金保険には確定年金と保障期間付終身年金があることを説明します。
・保険の種類によって、保険料の支払い方や金額が異なる点も説明します。

個人年金保険

①保障期間付終身年金

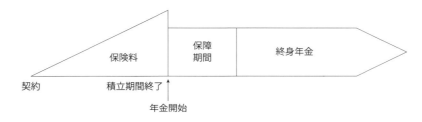

【例】45歳女性　65歳から年金開始
　　　年金年額120万円の場合　国内生保

年金種類	年金年額	保険料（口座/月払）
10年確定年金	120万円	48,588円
10年保障期間付終身年金	45万円	48,109円
15年確定年金	120万円	70,896円

②終身保険の年金受取の場合

　本来は終身保険として、払込終了後はそのまま終身の死亡保障が続く保険の終身保障を死亡保険金としての給付に代えて、生存中に年金として受け取るものです。
　年金受取に変更する時点での解約返戻金が年金原資となります。

【例】45歳女性　65歳から年金移行特約により年金開始
　　　終身保障保険金額1,500万円の場合　損保系生保

年金種類	年金年額
10年確定年金	約124万円
15年確定年金	約85万円
10年保障期間付終身年金	約47万円

Ⅰ. 個人編

 iDeCoを活用したい

1. 個人型確定拠出年金iDeCoとは

個人型確定拠出年金は、老後の生活保障の年金を自身で積み立てる「私的年金」の1つです。この年金は自営業者（第1号被保険者）、会社員や公務員（第2号被保険者）、専業主婦（第3号被保険者）が任意で加入することができる確定拠出年金法に基づく年金制度で、運営主体は国民年金基金連合会となります。加入は各金融機関の窓口で行います。60歳まで掛金を積み立て、投資信託その他の金融商品で運用し、60歳以降に一時金か年金の方法で受け取ることになります。2001年10月に導入され、2017年1月の制度改正で対象範囲が専業主婦や公務員、企業年金のある会社員にも拡大され、60歳未満の誰でも加入できるように大幅に拡大されました。

対象範囲の改正及び掛金の限度額は左記の表のとおりとなります。

職業				拠出できる限度額／月	
				2016年12月以前	2017年1月以降
自営業者等				68,000円	68,000円
会社員	企業型確定拠出年金なし	確定給付型年金	なし	23,000円	23,000円
			あり	加入不可	12,000円
	企業型確定拠出年金あり	確定給付型年金	なし	加入不可	20,000円
			あり	加入不可	12,000円
公務員等				加入不可	12,000円
専業主婦等				加入不可	23,000円

2. 個人型確定拠出年金iDeCoの優遇措置

iDeCoは、「掛金の拠出」「資産の運用」「給付金の受給」の各段階で税制優遇が受けられます。

（1）拠出掛金は全額所得控除の対象

掛金は、全額が所得控除である「小規模企業共済等掛金控除」の対象となり課税所得から差し引かれ、所得税と住民税が軽減されることになります。

iDeCoのしくみ

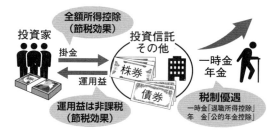

（2）資産運用収益は非課税

掛金は金融商品等で運用され、その運用益は通常、課税対象となりますが、iDeCo内の運用商品の運用益については、非課税扱いとされます。

（3）給付金の受取は退職所得か公的年金等雑所得

iDeCoの給付金を一時金で受け取る場合は退職所得となります。掛金払込期間を勤続年数とみなして「退職所得控除」として一定額が収入金額から控除され、その控除後の所得金額を2分の1にして課税されることになります。

年金形式で受け取る場合には、公的年金等雑所得となり他の公的年金等と合算して「公的年金等控除」が適用されます。

1．個人顧客のニーズと保険提案

iDeCo活用による税金メリット

ご提案のポイント

- 2017年よりiDeCoの加入範囲が広がり、各金融機関がiDeCoに力を入れ、商品選択の幅も広がり、より加入しやすくなりました。
- iDeCoは「掛金の拠出」「資産の運用」「給付金の受給」の全ての段階において税制優遇されます。
- 小規模企業共済と併用が可能です。2つの制度を併用した場合の月額最大掛金は138,000円（小規模企業共済 70,000円、iDeCo 68,000円）になります。年間にすると1,656,000円になり、全額所得控除の対象となります。

節税例＜前提条件＞

自営業者、年齢40歳、iDeCo加入（毎月掛金68,000円、年間816,000円、利回り1%想定）、事業所得金額3,000,000円が20年間続くと想定、年金は一時金で受取。

1．掛金拠出時
掛金全額が「小規模企業共済等掛金控除」として所得控除の対象となります。
所得控除　816,000円　所得税・住民税率　20.210%　節税額　164,900円
節税額（20年分）　164,900円×20年 ＝ 3,298,000円

2．運用時
iDeCoの運用益は非課税になります。年間利回り1%とすると、
1年目　816,000円 × 1% ＝ 8,160円
2年目　（816,000円 ＋ 8,160円 ＋ 816,000円）× 1% ＝ 16,401円
20年目　複利計算の合計　1,729,245円の運用益
節税額（20年分）　1,729,245円 × 20.315% ＝ 351,200円

3．受取時
一時金として受け取る場合、退職所得課税が適用されます。
受取金額：積立816,000円×20年 ＝ 16,320,000円 ＋ 運用益1,729,245円 ＝ 18,049,245円
退職金としての税金　（18,049,245円 － 8,000,000円）× 1/2 ＝ 5,024,622円
　　　　　　　　　5,024,622円 × 30.420% ＝ 1,528,400円

節税額　3,962,000円

受取額18,049,245円が退職所得課税になることで5,024,622円だけが課税対象になり、差額13,024,623円の所得減額がされたと考えると、13,024,623円 × 30.420% ＝ 3,962,000円の節税額となります。※税率は超過累進税率となり所得金額に応じて異なりますが、税率が変わらないものとして計算しています。

4．まとめ
トータル節税額　3,298,000円　＋　351,200円　＋　3,962,000円 ＝ 7,611,200円

Ⅰ．個人編

高齢独居を想定した保険に加入したい

1．民間介護保険とは

　保険契約に定める所定の要介護状態に被保険者がなった場合、保険金が支払われる保険です。

　民間の介護保険は、要介護状態に応じて保険金が変動するものや解約返戻金がなく掛け捨てであるもの、貯蓄性のあるものなど、保障条件や保障内容が細かく違う多くの商品がある保険です。

　この保険の提案をする場合のポイントは、まず顧客の現状に必要となる保障を整理し、特に下記の事項を確認し、顧客の目的に合った介護保険商品を選択することが大切です。

保険の 受け取り方	・年金受取型 ・一時金受取型 ・折衷型
保険期間	・終身型 ・定期型
保障の条件	・公的介護保険連動 ・保険会社独自基準

2．保険選びの考え方

　公的介護保険における1割もしくは2割の自己負担部分や公的介護保険の上乗せサービスを受ける場合、要介護状態になった場合の収入減への備えなどをより重視する場合、保険金を年金として受け取るタイプの商品を提案し、有料老人ホームへの入居一時金などの入居費用や大規模リフォーム費用など、一時に多額の資金が必要となるものへの備えを重視する場合には、保険を一時金として受け取るタイプの商品を提案することが基本となります。

　また、要介護となったときに自身の面倒をみてくれる家族がいないことに不安を感じている顧客の場合、比較的軽い状態でも介護年金がもらえ、重い介護状態になった場合には、介護一時金ももらえる、保険金の受取が折衷型のタイプの介護保険を提案するようにします。

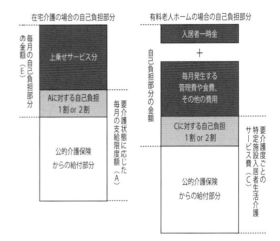

3．税務の取扱い

（1）介護保険金収入

　被保険者が介護保険金の受取人で保険料の負担をしている場合、その受け取る介護保険金は「身体の障害に基因して支払を受ける保険金」に該当し、非課税所得となります。

（2）介護保険料控除

　個人が支払った保険料は、介護医療保険料控除の対象となります。

民間介護保険による要介護や老人ホーム等の入居を考慮した提案

ご提案のポイント

- 要介護状態になったときの収入の減少や公的介護保険における1割もしくは2割の自己負担部分に備えるには、年金型の民間介護保険を利用します。
- 有料老人ホームの入居費用や自宅の大規模介護用リフォーム費用など、まとまった資金が必要なときの備えとしては一時金受取型を利用します。
- これら両方を受け取ることができる商品もあるため、必要な保障を確認し、その状況にあわせた保険に加入します。

◆年金型介護保険の月額保険料例

＜前提条件＞

契約年齢性別： 40歳女性

保障条件：死亡及び高度障害年金あり
　　　　　公的介護保険制度の要介護3以上認定で年金支払

無配当・無解約返戻金月額保険料例

月額受取額	保険料払込期間 / 保険期間 60歳満期	65歳満期	70歳満期	75歳満期
10万円	4,272円	5,496円	6,960円	8,652円
15万円	6,408円	8,244円	10,440円	12,978円
30万円	12,816円	16,488円	20,880円	25,956円
50万円	21,360円	27,480円	34,800円	43,260円

◆一時金受取型の介護保険の例

＜前提条件＞

契約年齢性別： 40歳女性

保障条件：公的介護保険制度の要介護3以上認定で保険金支払

保険期間：終身　　保険料払込期間：5年

保険金額		1,000万円		2,000万円		3,000万円	
月額保険料		17万円		32.5万円		47.9万円	
保険料払込総額（5年）		1,020万円		1,950万円		2,874万円	
解約返戻金	50歳時	982万円	96.3%	1,874万円	96.1%	2,766万円	96.2%
	60歳時	1,011万円	99.1%	1,929万円	98.9%	2,846万円	99.0%
	70歳時	1,039万円	101.9%	1,983万円	101.7%	2,926万円	101.8%

Ⅰ．個人編

13 保険でも多少のリスク商品で運用したい（外貨建て保険、変額保険）

1．外貨建て保険とは

外貨建て保険とは、外貨で運用される生命保険です。USドルやオーストラリアドルで運用されることが多いです。保険種類としては、日本の保険商品と同じく終身保険や養老保険、個人年金保険などの保険があります。

この保険は、保険料、積立金の運用利率（予定利率）、保険金などが外貨ベースとなります。そのため、円に両替する際には、為替差損益が生じます。運用利率が高く設定されていたとしても、保険金の受取時に、円高の状況であれば、払込保険料より少ない保険金となることもあります。逆に円安の状況になると、多くの保険金を受け取ることになります。

外貨建て保険は、当然に保険の性質を有するものですが、同時に投資効果のあるもので、資産運用の1つとして検討することも考えられます。万一の備えと資産運用を同時に検討するのか、切り離して考えるのか、顧客の求めることを十分に配慮する必要があります。

＜例＞為替相場の変動による受取保険金額の変化

外貨建終身保険の保険料を一時払い
払込総額　　100,000ドル
為替相場　　1ドル＝100円
日本円　　　¥10,000,000-

＜円高＞保険金の受取
払込総額　　100,000ドル＋金利10,000ドル
為替相場　　1ドル＝90円
日本円　　　¥9,900,000-（元本割れ）

＜円安＞保険金の受取
払込総額　　100,000ドル＋金利10,000ドル
為替相場　　1ドル＝110円
日本円　　　¥12,100,000-

2．変額保険とは

変額保険とは保険料を株式や債券を中心に運用し、運用実績によって保険金や解約返戻金が増減する保険になります。変額保険も通常の生命保険と同じく、保険期間が一定の「定期」と一生涯保障の「終身」の2つに大きく分かれます。死亡したときには、基本保険金＋変動保険金を受け取ることができます。基本保険金は運用実績に関わらず最低保証され、変動保険金がマイナスになった場合でも基本保険金は受け取ることができます。

定期タイプの場合、満期を迎えると満期保険金を受け取ることができます。しかし、満期保険金の場合には、最低保証はありません。解約時に受け取る解約返戻金も同様です。

1. 個人顧客のニーズと保険提案

外貨建て保険、変額保険の
メリット・デメリット

ご提案のポイント

- 外貨建て保険も変額保険も、共に将来受け取れる保険金額に変動が生じます。元本割れをすることもあり、しっかりとリスクを理解して加入する必要があります。
- 純粋にリスクに備えるための保険加入というよりも、保険で資産運用してお金を増やしたい人向けの商品になります。
- 目的として資産運用の1つの手段として検討するのが賢明な選択といえます。

1. 外貨建て保険のメリット・デメリット

メリット	デメリット
・日本円より高い金利の通貨で運用するので、貯蓄性で有利 ・利率が高いので、円建て保険より、保険料が安く済む ・保険金受取時に「円安」になっていると、外貨から円転する際に為替差益が得られる ・保険であるためリスクケアしながら資産運用も行える	・外貨で高利率の金利が付いたとしても、円転する際に「円高」になっていると為替差損となり受取金額が減る ・保険料支払時、保険金受取時の両替にあたり為替手数料がかかる。その他、金融機関に対する手数料が発生する ・投資信託などに比べると金利は低い。保険と投資を明確に切り分けるならば、投資側面は弱い

　外貨建て保険のポイントは、金利よりも為替変動幅がどれだけあるのかのほうが影響度合いが大きくなります。

2. 変額保険のメリット・デメリット

メリット	デメリット
・運用が好調に進むと受取保険金は増える ・比較的割安の保険料で、保険金にも最低保障がある	・運用が不調になってしまうと受取保険金は減ることになる

　外貨建て保険、変額保険を検討する場合、目的を保障メインと考えず、余剰資金で投資を行っていると考える金融リテラシーのある人に向いています。

I. 個人編

14 生前贈与したお金を有効活用したい

1. 生命保険金の所得税・住民税の課税

子が受け取る生命保険金は、一時所得になります。一時所得の金額は、「(生命保険金受取額 − 支出した保険料 − 特別控除額(最高50万円))× 1/2」となります。

計算された所得金額は、給与所得などの他の所得金額と合算して総所得金額を求めた後、納める税額を計算します。税率は所得の金額に応じた超過累進税率となります。実際には所得金額に対して、所得税、復興所得税、住民税が課され、超過累進税率となるのは所得税になります。所得の金額に応じた3つの税額を速算表にまとめると図表1のようになります。

図表1 所得税・住民税概算合算早見表(復興特別所得税含む)

課税総所得金額・課税退職所得金額または課税山林所得金額		所得税・住民税合算税率	控除額
超	以下		
—	1,950,000 円	15.105%	0 円
1,950,000 円	3,300,000 円	20.210%	99,548 円
3,300,000 円	6,950,000 円	30.420%	436,478 円
6,950,000 円	9,000,000 円	33.483%	649,356 円
9,000,000 円	18,000,000 円	43.693%	1,568,256 円
18,000,000 円	40,000,000 円	50.840%	2,854,716 円
40,000,000 円	—	55.945%	4,896,716 円

2. 生命保険金の相続税の課税

被相続人の死亡によって取得した生命保険金や損害保険金で、その保険料の全部または一部を被相続人が負担していたものは、相続税の課税対象となります。死亡保険金の受取人が相続人(相続を放棄した人や相続権を失った人は含まれません)である場合において、全ての相続人が受け取った保険金の合計額が次の算式による非課税限度額を超えるとき、その超える部分が相続税の課税対象になります。

非課税限度額=500万円×法定相続人の数

相続税の税率は、正味の遺産額から基礎控除額を差し引いた残額を法定相続分によりあん分し、その法定相続分に応ずる取得金額に税率を当てはめることになります。

3. 保険料の生前贈与

保険料の生前贈与を行うと課税関係が相続税から所得税、住民税に転換することになります。相続対策に利用する場合は、それぞれの税目の税率の違いによる有利不利の判断ということになります。相続税の非課税枠と所得税の一時所得の計算の違いも加味して、税率の有利不利を判定することになり、判断する際のシミュレーション・ポイントは下表のようになります。

<保険料を生前贈与する際のシミュレーションにあたってのポイント>

	効果	シミュレーションのポイント
所得税	支払った保険料は保険金収入から控除 所得から50万円が控除 控除後の金額を1/2	・所得税は1/2課税ではあるが、総合所得となるため、子の他の所得の状況を確認する
		・住民税も課されることになるため住民税率も考慮する
相続税	生命保険の非課税枠(500万円×法定相続人の数)	・相続財産全体の額を考慮して相続税額を試算する
		・相続人の構成(配偶者の有無、相続人の人数)を考慮して試算する

1．個人顧客のニーズと保険提案

相続税負担を「所得税・住民税」に転換

ご提案のポイント

- 相続税対策として親から子にお金を生前贈与し、子は、そのお金を原資に生命保険に加入することで相続税を抑えられることがあります。
- この手法を実行するにあたって確認すべきポイントは、「相続税の課税」と「所得税の課税」のどちらの負担が小さくなるかということです。
- 親からお金を贈与するにあたり、贈与が成立していることを客観的に証明するために、贈与契約書の締結を行うことが大切です。

1．生前贈与したお金を生命保険で活用する手順

　生前贈与したお金を原資に生命保険に加入することで、相続税対策とすることができます。手順としては、
　①親から子へお金を贈与する。
　②そのお金を原資にして、子は親を被保険者、自身を保険料負担者かつ保険金受取人とする生命保険契約を締結する。
　③親の相続が発生した際に、子に生命保険金が支払われる。その生命保険金に対して一時所得の所得税が課税される。

2．実行にあたっての判断ポイント

　この手法の本質は、課税を「相続税から所得税＋住民税に転換する」ことにあります。通常の生命保険では、親が被保険者と保険料負担者を自身（親）、保険金受取人を子とする保険契約を結びます。相続が発生すると、子に「相続税の課税」が行われます。しかし、この手法は、子が契約者かつ保険料負担者となり、保険金受取人も子となります。保険料の実質的な原資は親の財産ですが、子自身が払った保険料で、保険金を受け取ることになるため、子には「所得税＋住民税の課税」が行われます。

　実行にあたっての判断のポイントは、相続税と所得税＋住民税の税率はどちらが有利になるかです。相続税の税率のほうが有利なのか、所得税＋住民税の税率が有利なのかをシミュレーションした上で判断することが肝要です。

　なお、親から子へのお金を非課税（年110万円）枠の範囲内で贈与するならば、贈与税は課されません。実質的に贈与をしたことを証するため、親子間であっても贈与契約書を締結しておくことが大切です。

Ⅰ．個人編

15　生命保険料控除を活用したい

1．生命保険料控除の概要
生命保険料、介護医療保険料、個人年金保険料を支払った場合には、一定額の所得控除を受けることができます。

2．対象となる保険契約等
生命保険料控除の対象となる保険契約等には、生命保険契約等、介護医療保険契約等、個人年金保険契約等があります。保険会社等から送られてくる証明書により、生命保険料控除の対象となる契約か否かを確認することができます。

3．生命保険料控除額の金額
次の（1）～（3）の合計額が生命保険料控除額（限度額12万円）となります。

（1）新契約に基づく場合
2012年1月1日以後に締結した保険契約等に基づく新生命保険料、介護医療保険料、新個人年金保険料の控除額は、年間の支払保険料等の額に応じて定められ、控除額はそれぞれ最高4万円です。

（2）旧契約に基づく場合
2011年12月31日以前に締結した保険契約等に基づく旧生命保険料と旧個人年金保険料の控除額は、年間の支払保険料等の額に応じて定められ、控除額はそれぞれ最高5万円です。

（3）双方に加入している場合
新契約と旧契約の双方に加入している場合の生命保険料または個人年金保険料は、新契約のみ適用、旧契約のみ適用、新契約と旧契約の双方適用のいずれかを選択することができます。新契約と旧契約の双方について適用する場合の控除額はそれぞれ最高4万円です。

生命保険料控除の適用限度額 120,000円

①新契約	新生命保険料控除：最高40,000円（遺族保障等）	介護医療保険料控除：最高40,000円（介護保障、医療保障）	新個人年金保険料控除：最高40,000円（老後保障等）
	③新規約と旧契約の両方について控除の適用を受ける場合は最高40,000円		③新契約と旧契約の両方について控除の適用を受ける場合は最高40,000円
②旧契約	旧生命保険料控除：最高50,000円（遺族保障、介護保障、医療保障）		旧個人年金保険料控除：最高50,000円（老後保障等）

区　分	年間の支払保険料等	控除額
①新契約 （2012.1.1以後締結）	20,000円以下	支払保険料等の全額
	20,000円超 40,000円以下	支払保険料等×1/2＋10,000円
	40,000円超 80,000円以下	支払保険料等×1/4＋20,000円
	80,000円超	一律40,000円
②旧契約 （2011.12.31以前締結）	25,000円以下	支払保険料等の全額
	25,000円超 50,000円以下	支払保険料等×1/2＋12,500円
	50,000円超 100,000円以下	支払保険料等×1/4＋25,000円
	100,000円超	一律50,000円
③新契約と旧契約の双方加入	新契約のみ適用	①に基づき算定した控除額
	旧契約のみ適用	②に基づき算定した控除額
	新契約＋旧契約の双方	①＋②（最高40,000円）

2．個人顧客が知っておくべき保険のしくみ

年間12万円を所得控除（所得税）

ご提案のポイント

・新契約に分類される3種類の保険契約による保険料を支払う場合、最高年間12万円を所得控除として差し引くことができます。
・新生命保険料、介護医療保険料、新個人年金保険料、それぞれ8万円支払った場合（合計24万円）でも、実質負担保険料は、所得税率20％の場合は21万6千円、所得税率45％の場合は18万6千円となります。

1．支払保険料と控除額

それぞれ控除限度額まで保険料を支払う場合

	支払保険料	所得控除額
新生命保険料	80,000円	40,000円
介護医療保険料	80,000円	40,000円
新個人年金保険料	80,000円	40,000円
合　計	240,000円	120,000円

2．節税額と実質負担額

支払保険料240,000円（所得控除額120,000円）の場合

所得税率	節税額	実質負担額
5％	6,000円	234,000円
10％	12,000円	228,000円
20％	24,000円	216,000円
23％	27,600円	212,400円
33％	39,600円	200,400円
40％	48,000円	192,000円
45％	54,000円	186,000円

注：復興特別所得税、住民税の節税額は考慮していません。

I．個人編

 地震保険料控除を活用したい

1．地震保険料控除の概要

特定の損害保険契約等に係る地震等損害部分の保険料や掛金を支払った場合には、一定の金額の所得控除を受けることができます。

2．対象となる保険契約等

地震保険料控除の対象となる保険や共済の契約は、本人や、生計を一にする配偶者その他の親族の所有する居住用家屋、生活用動産を保険や共済の対象としているもので、地震等による損害により生じた損失の額をてん補する保険金または共済金が支払われる契約のうち、一定の要件を満たす契約が対象となります。

保険会社等から送られてくる証明書により、地震保険料控除の対象となる契約か否かを確認することができます。

3．旧長期損害保険に係る経過措置

2007年分から損害保険料控除が廃止されましたが、一定の要件を満たす長期損害保険契約等に係る損害保険料については、地震保険料控除の対象とすることができます。

4．地震保険料控除の金額

（1）地震保険料

支払った地震保険料が控除額となります。ただし、控除額は最高5万円です。

（2）旧長期損害保険料

旧長期損害保険料の控除額は、年間の支払保険料等の額に応じて定められ、控除額は最高1万5千円です。

（3）双方に加入している場合

地震保険料と旧長期損害保険料の双方に加入している場合、それぞれの方法で計算した金額の合計額となります。ただし、控除額は最高5万円です。

区　分	年間の支払保険料等	控除額
①地震保険料	50,000円以下	支払金額
	50,000円超	50,000円
②旧長期損害保険料	10,000円以下	支払金額
	10,000円超 20,000円以下	支払金額÷2＋5,000円
	20,000円超	15,000円
③　①と②の両方		①＋②（最高50,000円）

2．個人顧客が知っておくべき保険のしくみ

年間5万円を所得控除（所得税）

ご提案のポイント

・地震保険料を支払う場合、最高年間5万円を所得控除として差し引くことができます。
・地震保険料を5万円支払った場合の実質負担保険料は、所得税率20％の場合は4万円、所得税率45％の場合は2万7,500円となります。

1．支払保険料と控除額

控除限度額まで保険料を支払う場合

	支払保険料	所得控除額
地震保険料	50,000円	50,000円

2．節税額と実質負担額

支払保険料50,000円（所得控除額50,000円）の場合

所得税率	節税額	実質負担額
5％	2,500円	47,500円
10％	5,000円	45,000円
20％	10,000円	40,000円
23％	11,500円	38,500円
33％	16,500円	33,500円
40％	20,000円	30,000円
45％	22,500円	27,500円

注：復興特別所得税、住民税の節税額は考慮していません。

I．個人編

 一時払養老保険の税金はどうなるか

1．一時払養老保険の概要

一定の要件に合致する一時払養老保険については、金融類似商品として、その差益に対して20.315％の源泉分離課税が行われます。

源泉分離課税となる一時払養老保険とは、保険期間や払込保険料の一時払性、保障倍率の3つの要件すべて満たすものをいいます。つまり、保険料の負担が少なく、貯蓄性の高い保険のことです。

2．一時払養老保険の要件

（1）一時払養老保険の課税関係

生命保険契約等にかかる契約で、保険料等を一時に支払うか、一時払いに準ずる方法で支払うもののうち、保険期間等が5年以下のものや保険期間が5年超であっても5年以下で解約されたものについては、その保険差益に対して20.315％が源泉分離課税されます。しかし、5年超で解約されたものについては一時所得となり、50万円控除後の2分の1が総合課税されます。

（2）一時払いとは

一時払いとは、次のようなものが該当します。
① 一括払いであること
② 1年以内に保険料等の総額の50％以上を支払うものであること
③ 2年以内に保険料等の総額の75％以上を支払うものであること

（3）保障倍率

死亡保険金のうち、災害死亡等による死亡保険金が、満期保険金の5倍未満であり、しかも、災害死亡等以外の死亡保険金が満期保険金と同額以下であるものをいいます。この災害死亡等とは、災害や不慮の事故、あるいは伝染病等により死亡したり、高度障害になった場合をいいます。

3．一時所得と源泉分離課税の有利・不利

一時所得に該当する場合には、50万円の特別控除がある関係上、保険差益が50万円以下であれば一時所得が有利になります。しかし、所得税・住民税の税率が高い人の場合には、その保険差益がいくら高額であっても一律20.315％でその課税関係が終了するので源泉分離課税が有利といえます。

2．個人顧客が知っておくべき保険のしくみ

一時払養老保険の満期金受取りの有利・不利

ご提案のポイント

・一時払養老保険とは、一括払いか初年度に50％以上支払い、2年合わせて75％以上支払うものをいいます。
・災害死亡の死亡保険金額が満期金の5倍未満で、しかも、それ以外の死亡保険金が満期金と同額以下であることも要件です。
・保険期間が5年以下のものか、5年超の保険期間のものを5年以下で解約した場合は、20.315％の源泉分離課税となり、それ以外は一時所得になります。
・保険金の差益が50万円以下で実質非課税だったものは、一時所得が有利で源泉分離課税は不利となりますが、差益が大きな場合には、源泉分離課税が有利となります。

一時払養老保険の税金

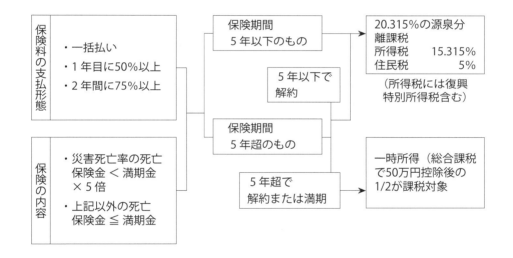

I. 個人編

18 保険料の支払方法を工夫して税金の負担を少なくしたい

1．同じ生命保険契約でも、税負担は同じではない！？

もしもに備えて、自分を被保険者とし、子供を受取人とする生命保険契約に加入するのは、相続対策のみならず、子供への保障面からも一般的ですが、保険料の支払い方法によって税負担が異なってくることをご存じでしょうか。

2．保険料を贈与した場合の課税関係

親を被保険者とし、親が自ら契約者となって子供を保険金の受取人とする生命保険契約に加入する場合には、死亡保険金はみなし相続財産となり、相続税が課税されます。子供を契約者として親が保険料を支払った場合でも同様です。

一方、子供自らが生命保険料を負担した場合には、契約者と受取人と保険料の負担者が同一となりますので、相続税の課税はありません。保険金の受取時に通常と比べて有利な一時所得として所得税の課税を受けることになります。

さて、それでは、親が子供に保険料を贈与して、子供が保険料を支払った場合には、どうでしょうか。

もちろん、保険料の贈与も贈与税の対象となりますが、子供が保険料を負担するので、死亡保険金については、前述のとおり、相続税の対象とはされず、所得税の一時所得としての課税がなされます。

このとき、贈与税には、110万円の基礎控除枠がありますので、年間の保険料がその範囲内であれば、贈与税の課税は起こらないことになります。

3．保険料贈与の対象

保険料贈与が検討されるのは、親が被保険者となり、親が保険料の原資を提供するが、受取人を子供とする生命保険契約を締結する場合で、親の死亡時の保障と相続対策を考える場合です。

4．保険料贈与にあたっての留意点

（1）贈与事実を明らかにする証憑の確保

毎年、必ず贈与契約書を作成し、贈与税の申告を行います。

贈与額が年間110万円以下であれば贈与税の申告は不要ですが、その場合であっても贈与契約書は必ず作成してください。

（2）生命保険料控除

支払保険料は、贈与者（親）側で生命保険料控除の対象とならず、受贈者（子）側で生命保険料控除の対象となります。

（3）保険料の支払口座

毎年、贈与者は、受贈者の預金口座に現金を振込み、その預金口座から保険料を支払ってください。

2．個人顧客が知っておくべき保険のしくみ

生命保険料の贈与を活用して税額圧縮
― 贈与税の基礎控除額をフル活用 ―

ご提案のポイント

母親を被保険者とする生命保険契約に子2名がそれぞれ契約者となって加入します（受取人は契約者である子供とします）。この際、保険料は、母親からそれぞれに、贈与事実を確実に残すかたちで贈与します（贈与方式）。

以上により、母親が保険料を負担しているが、生命保険料贈与の手続をとっていない場合、あるいは、母親が契約者となって子供2名をそれぞれ受取人とする生命保険契約を締結した場合（一般契約方式）と比べて節税が可能となります。

〈前提条件〉
- 家族構成…母親・子供2名（2次相続）
- 保険契約　死亡保険金…70,000千円
  （30年払込、平準定期保険）
  保険料（年払）…1,100千円／件
  被保険者…母親（54歳）
  契約者、受取人…各子供

以上の他、保険加入なし。
受取人…各子供
- その他　保険加入後1年後に母親死亡。相続財産は10億円、受取人は、生命保険料以外の所得はないものとする

1．税負担の計算例

(1) 生命保険料贈与の場合

①所得税
70,000千円 － 1,100千円×1回分 － 500千円 ＝ 68,400千円
（死亡保険金）　（払込保険料の累計）　（一時所得の特別控除）　（一時所得）

｛(68,400千円 × 1/2 － 380千円) × 40% － 2,796千円｝× 2名 ＝ 21,464千円 ……イ)
（一時所得）　　　（基礎控除）　　　　　　（速算控除額）　　　　　　（2名分の所得税額）

②復興特別所得税
21,464千円 × 2.1% ＝ 450千円 ……ロ)
（2名分の復興特別所得税額）

③住民税
〔｛(68,400千円 × 1/2 － 330千円) × 10%｝ ＋ 4千円〕× 2名 ＝ 6,782千円 ……ハ)
（一時所得）　　　（基礎控除）　　　　　　　　　　　　（2名分の住民税額）

④相続税
1,000,000千円 － (30,000千円 ＋ 6,000千円 × 2名) ＝ 958,000千円
（課税価格の合計）　（基礎控除）

(958,000千円 × 1/2 × 50% － 42,000千円) × 2名 ＝ 395,000千円 ……ニ)
（法定相続分）　　　　　　（速算控除額）

イ) ＋ ロ) ＋ ハ) ＋ ニ) ＝ 423,696千円

(2) 生命保険料贈与としない場合あるいは一般契約方式の場合

1,000,000千円 ＋ 70,000千円 × 2名 － 5,000千円 × 2名 ＝ 1,130,000千円
　　　　　　　　　　　　　　　　（生命保険金非課税）　（課税価格の合計）

1,130,000千円 － (30,000千円 ＋ 6,000千円 × 2名) ＝ 1,088,000千円
　　　　　　　　（基礎控除）

(1,088,000千円 × 1/2 × 50% － 42,000千円) × 2名 ＝ 460,000千円
（法定相続分）　　　　　　（速算控除額）

2．税負担の比較

(1) 生命保険料贈与　423,696千円　＜　(2) 母親負担（贈与手続のないとき）　460,000千円
（生命保険料贈与が36,304千円トク）

（注）妻と子供がいる場合には、相続財産の額、相続人の数等により有利判定の結果が異なります。

I. 個人編

契約形態を工夫して税金の負担を少なくしたい（死亡保険金）

1．死亡保険金を受け取る場合の課税関係

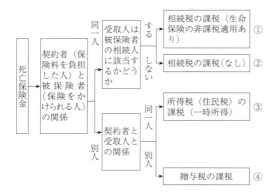

具体例

	契約者	被保険者	受取人
①	夫	夫	妻
②	子	子	母
③	妻	夫	妻
④	妻	夫	子

	課税
①	相続税（生保の非課税適用あり）
②	相続税（〃なし　母が相続人でないケース）
③	所得税（一時所得）
④	妻から子への贈与税

2．保険契約の変更の検討

保険契約については、"被保険者"の変更はできませんが、"契約者"と"受取人"は保険の保障期間であれば、変更が可能です。一般的には、相続税、所得税、贈与税の税負担を比較しますと贈与税が一番高負担になります。そこで、契約形態を変更することによって、死亡保険金を受け取ったときの税負担を軽くする方法を検討してみたほうがよいと思われます。

3．具体的検討

上記具体例④の例（契約者：妻、被保険者：父、受取人：子）について検討します。
(1) そのままでは受取死亡保険金に対して贈与税を課税される。
(2) 契約者を妻から子に変更する。
　年々掛ける保険料分を妻から子に贈与します（贈与税の課税）。それを元に子は契約者として保険料を支払います。結果として死亡保険金を子が受け取ったときは、所得税が課税されます。
(3) 比較
　④の例で比較します（右頁「提案シート」参照）。

〈契約例〉
・契約者…妻
・被保険者…夫（30歳加入）
・受取人…子（20歳未満）
・死亡保険金…5,000万円
・保険払込期間…30年
・保険の種類…終身保険
・保険料…102,300円／月

保険加入後10年目で死亡事故が発生したとします。

保険料の贈与に関する留意点については、個人編⑱4．を参照してください。

2. 個人顧客が知っておくべき保険のしくみ

契約者変更と保険料贈与の効果（死亡保険）

ご提案のポイント

Ⅰ 既存契約の場合：④の例（左頁参照）
- 死亡保険金受取時に契約者（妻）から受取人（子）に死亡保険金相当額の贈与が行われたこととなり、贈与税が高額になります。

Ⅱ 契約者変更を行った場合：契約者を妻から子に変更
- 妻から子へ保険料相当額の贈与を行った際に贈与税が課税されますが、少額を10年間に分けて贈与することとなるため、Ⅰのケースと比較して贈与税負担が少額になります。
- 子が受け取る死亡保険金は所得税（一時所得）が課税され、贈与税と比較して税負担が小さくなります。

■**契約例**：保険加入後10年目で死亡事故が発生したものとします。
- 契約者…妻
- 被保険者…夫（30歳加入）
- 受取人…子（20歳未満）
- 死亡保険金…5,000万円
- 保険の種類…終身保険
- 保険料…月額102,300円

Ⅰ 契約者＝妻	Ⅱ 契約者＝子
1. 各年の保険料の支払い時	
○妻が支払う保険料は各年の所得税の計算上、生命保険料控除の対象になります。	○妻は生命保険料控除を受けることができません。子は逆に受けることができます。 ○子は保険料の贈与を受けるため、贈与税が課税されます。 ・支払保険料 102,300円×12カ月＝1,227,600円 ・1,227,600円 － 1,100,000円 ＝ 127,600円 　　贈与金額　　　基礎控除　　贈与課税価格 ・子の負担する贈与税額 　贈与課税価格 127,000円×10％＝12,700円 ・贈与税額 12,700円×10年間＝127,000円 　※子は他に贈与を受けていないものとします
2. 死亡保険金の受取時	
○子が受け取る保険金に対して贈与税が課税されます。 ・保険金5,000万円 － 110万円 ＝ 4,890万円 　　　　　　　　　基礎控除　　贈与課税価格 ・子の負担する贈与税額 　4,890万円×55％ － 400万円 ＝ 2,289.5万円 　　　　　一般税率　速算控除額 ※子は他に贈与を受けていないものとします	○子が受け取る保険金に対して所得税が課税されます。 ・一時所得の課税対象金額 　保険金5,000万円 － 122.7万円 × 10年＝3,772万円 　　　　　　　　　　支払保険料総額 ・（3,772万円 － 50万円）÷2＝1,861万円 　　　　　　　特別控除 ・所得税・住民税額概算（所得税と住民税の基礎控除額差額及び復興特別所得税は考慮しない） 　（1,861万円－38万円）×50％－280万円＝631.6万円 ※子の所得が他になく、所得控除額38万円とします
3. 税負担計	
○贈与税 **2,289.5万円**の負担	○贈与税 127,000円＋所得税及び住民税 631.6万円＝**644.3万円**の負担

I．個人編

契約形態を工夫して税金の負担を少なくしたい（満期保険金）

1．満期保険金を受け取る場合の課税関係

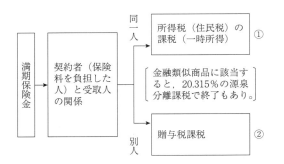

具体例

	契約者	被保険者	受取人
①－a	夫	夫	夫
①－b	夫	妻	夫
②－a	妻	妻	夫
②－b	夫	夫	妻
②－c	妻	夫	子

	課税
①－a	所得税（一時所得）
①－b	所得税（一時所得）
②－a	妻から夫への贈与税
②－b	夫から妻への贈与税
②－c	妻から子への贈与税

2．保険契約の変更の検討

保険契約については、被保険者の変更は原則的にはできませんが、"契約者"と"受取人"は保険の保障期間であれば変更が可能です。一般的には、贈与税は高負担になりますので、契約形態を変更することによって満期保険金を受け取ったときの税負担を軽くする方法を検討してみたほうがよいと思われます。

3．具体的検討

上記具体例②－cの例（契約者：妻、被保険者：夫、受取人：子）について検討します。
(1) そのままでは満期保険金に対して贈与税を課税される。
(2) 契約者を妻から子に変更する。
　年々掛ける保険料分を妻から子に贈与します（贈与税の課税）。それを元に子は契約者として保険料を支払います。結果として満期保険金を子が受け取ったときは、所得税が課税されます。
(3) 比較
　②－cの例で比較します（右頁「提案シート」参照）。

〈契約例〉
・契約者…妻
・被保険者…夫（30歳加入）
・受取人…子（20歳未満）
・満期保険金…4,000万円
・保険払込期間…30年
・保険の種類…養老保険
・保険料…105,280円／月

保険料の贈与に関する留意点については、個人編⑱4．を参照してください。

2. 個人顧客が知っておくべき保険のしくみ

契約者変更と保険料贈与の効果（満期保険）

ご提案のポイント

Ⅰ 既存契約の場合：②−ｃの例（左頁参照）
・満期保険金受取時に契約者（妻）から受取人（子）に満期保険金相当額の贈与が行われたこととなり、贈与税が高額になります。

Ⅱ 契約者変更を行った場合：契約者を妻から子に変更
・妻から子へ保険料相当額の贈与を行った際に贈与税が課税されますが、少額を30年間に分けて贈与することとなるため、Ⅰのケースと比較して贈与税負担が少額になります。
・子が受け取る満期保険金は所得税（一時所得）が課税され、贈与税と比較して税負担が小さくなります。

■**契約例**：保険払込期間30年とします。
- 契約者…妻
- 被保険者…夫（30歳加入）
- 受取人…子（20歳未満）
- 満期保険金…4,000万円
- 保険の種類…養老保険
- 保険料…月額105,280円

	Ⅰ　契約者＝妻	Ⅱ　契約者＝子
1. 各年の保険料の支払い時	○妻が支払う保険料は各年の所得税の計算上、生命保険料控除の対象になります。	○妻は生命保険料控除を受けることができません。子は逆に受けることができます。 ○子は保険料の贈与を受けるため、贈与税が課税されます。 ・支払保険料 105,280円×12カ月＝1,263,360円 ・1,263,360円（贈与金額）－1,100,000円（基礎控除）＝163,360円（贈与課税価格） ・子の負担する贈与税額 　贈与課税価格 163,000円×10％＝16,300円 ・贈与税額 16,300円×30年間＝489,000円 ※子は他に贈与を受けていないものとします
2. 満期保険金の受取時	○子が受け取る保険金に対して贈与税が課税されます。 ・保険金 4,000万円－110万円（基礎控除）＝3,890万円（贈与課税価格） ・子の負担する贈与税額 　3,890万円×55％（一般税率）－400万円（速算控除額）＝1,739.5万円 ※子は他に贈与を受けていないものとします	○子が受け取る保険金に対して所得税が課税されます。 ・一時所得の課税対象金額 　保険金 4,000万円－126.3万円×30年（支払保険料総額）＝209.9万円 ・（209.9万円－50万円（特別控除））÷2＝79万円 ・所得税・住民税額概算（所得税と住民税の基礎控除額差額及び復興特別所得税は考慮しない） 　（79万円－38万円）×15％＝6.2万円 ※子の所得が他になく、所得控除額38万円とします
3. 税負担計	○贈与税 **1,739.5万円**の負担	○贈与税 489,000円＋所得税及び住民税 6.2万円＝**55.1万円**の負担

Ⅰ. 個人編

21 リビングニーズ特約を使ったほうが得か、使わないほうが得か

1. リビングニーズ特約

リビングニーズ特約とは、保険金の種類ではありません。したがって、リビングニーズ保険というものもありません。それでは「リビングニーズ特約」は何かというと、ある保険があり、この特約を付けることによって被保険者の余命が一定期間内（通常6カ月以内）と判断された場合に主契約の死亡保険金のうち一定額（通常3,000万円）を上限に支払われ、これと同額の死亡保険金が減額（または消滅）されたものとして取り扱われるものです。

支払方法に関する特約ですから、この特約には、特約保険料もかかりません。そして、支払いを受ける金額は、給付金額から6カ月分の保険料と利息を差引いた額となります。

2. 所得税が非課税

一見すると、死亡保険金の前払いではないかという解釈が生じます。一般的には被保険者が給付金の受取人ということになるので、この解釈だと被保険者に対して一時所得課税が生じるものと思われます。

ところで、所得税法は、心身に加えられた損害に起因して支払われる金員を非課税とする規程を置いており、これに照らして高度障害保険金と同様に非課税と解することになっています。

3. 相続税法上の取扱い

リビングニーズ特約給付金は、被保険者が給付金支払請求を出すことは稀で、一般的には配偶者が『指定代理請求者』として特約給付金を請求することが多いようです。

誤解しやすいのですが、このような場合、配偶者が保険受取人となるのではなく、あくまでも受取人は被保険者である点に注意してください。

そして、もし、被保険者が特約給付金を受け取った後に死亡し、死亡時（相続開始時）にそれが使われずに現金や預金等として残っている場合には、被保険者（＝被相続人）の相続財産として相続税の課税対象となります。

また、この場合、死亡保険金としてみなし相続財産となるのでなく、現金や預金等の金融資産として本来の相続財産に該当しますので、生命保険金の非課税の取扱い（その被保険者の法定相続人一人につき500万円の非課税枠）はありませんので注意してください。

2．個人顧客が知っておくべき保険のしくみ

給付金請求額決定は相続税の非課税枠に注意

ご提案のポイント

・生命保険金の相続税非課税枠は、相続税計算で満額使い切るために、その分は死亡保険金として受け取るほうが得になります。
・リビングニーズ特約は、既契約保険にも付けられ、しかも特約保険料はありません。

特定給付金請求額の算定例

＜前提条件＞
・法定相続人：6人
・リビングニーズ特約対象額：3,000万円×2保険＝6,000万円
・他に死亡保険契約はない
・余命期間の消費予定額＝1,000万円

＜ケース1＞
「特別給付金対象額の全額を給付請求した場合」

特約対象額 6,000万円

- 特約給付金請求額 6,000万円
  - 消費予定額 1,000万円
  - 相続税対象予定額 5,000万円

＜ケース2＞
「相続税の非課税枠を考慮して給付請求した場合」

- 特約給付金請求額 3,000万円
  - 消費予定額 1,000万円
  - 相続税対象予定額 2,000万円
- 死亡保険金として請求予定額 3,000万円
  - 死亡保険金の相続税非課税率 6人×500万円＝3,000万円

I. 個人編

22 一時的に保険料の支払いが困難になったが保険を継続したい

1. 生命保険料の継続

一時的に保険料の払込みが困難になっても解約をせず保険を継続する方法があります。

保険会社からの貸付（契約者貸付制度）や一時的に立替払いをしてもらう方法（自動振替貸付制度）で継続ができます。

(1) 契約者貸付（通称：ケイガシ）

加入している生命保険契約の解約返戻金の一定範囲内（一般的には80～90％以内。ただし商品によっては50％以内）で借入することができる制度です。貸付金の利息（1年複利）は図表のとおり。

図表　契約者貸付利息表

社名	借入限度額（対解約返戻金）		利率（年複利）
	払込済	その他	
A会社	80％	90％	2.5％
B会社	80％	90％	3.0％

※図表中の数値はあくまでイメージです。実際の保険設計とは異なる可能性があります。

毎年利息が元本に組み入れられ、解約返戻金を上回った場合は、生命保険契約が失効します。

未返済のままで生命保険の満期や死亡を迎えた場合は、貸付残高が満期保険金や死亡保険金から差し引かれます。

(2) 自動振替貸付（通称：ジフリ）

加入している生命保険契約の解約返戻金の範囲内で保険料を保険会社が自動的に立替払いをしてくれる制度です。

この制度は、解約返戻金を担保として貸付金の元利合計を下回らない限度で立替えます。もちろん、利息（契約者貸付と同じ）も付きます。放っておくと失効するので注意が必要です。この制度を利用した後でも、一定期間内に解約等の手続をとれば、自動振替貸付はなかったものとされます。

2. ケイガシやジフリの利用ポイント

(1) 契約者貸付（ケイガシ）

① 現金が急に必要になったとき。
② 渉外担当者がローンの相談をされたが、自行でのローンが間に合わないとき。
③ 積極的な活用をすすめるとき。

(2) 自動振替貸付（ジフリ）

① 保険は継続したいが、保険料の支払いが困難な場合。
② あと少しで満期を迎えるので解約するのがもったいない場合。

3. 個人顧客の保険の見直し

少ない資金負担で保険を継続

ご提案のポイント

・保険料の支払が困難な場合、自動振替貸付を利用します。
・養老保険の場合、貸付を受けた保険料に近い金額の解約返戻金が増額されます。
・利息分も貸付を受けることで、資金負担なく保険が継続でき、当初の保障を受けることができます。

年払保険料　　2,434千円

<10年後にジフリ制度を利用>

	（1）累計払込保険料	（2）（※）借入金	（3）解約返戻金	（1）－（3）差引
50歳	24,340千円	0	22,750千円	▲1,590千円
55歳	36,510千円	12,170千円	35,670千円	▲840千円

※借入金には、別途、年複利で利息がかかります。
※上記の数値はあくまでイメージです。実際の保険設計とは異なる可能性があります。

I. 個人編

23 保険料の払込みをやめたいが、保障は継続したい

1．提案の目的

　保険料の払込みが困難になった場合、そのまま保険料を支払わないでいると保険契約は失効してしまいます。また、保険契約を解約してしまうと保障がなくなってしまいます。保険料の払込みが可能になったときに再度保険に入り直すとしても、保険料が高くなったり、健康診断の結果で加入できないケースもあります。

　そこで、『保険料の払込みはやめたいが、保障は継続したい』というニーズが出てきます。このニーズに対応する手法として、払済保険という制度があります。この制度は、保険の種類や保険会社によっては活用できないケースもありますので、『保険約款』や『ご契約のしおり』などで制度の活用が可能かどうかを確認してください。

　払済保険制度とは、保険料の払込みを中止して、その時点での解約返戻金をもとに、保険期間をそのままにした元の契約と同じ種類の保険、もしくは養老保険に切り換える制度をいいます。この場合、保険金額は元の契約より小さくなり、また、各種特約が付いた契約の場合には、払済後に特約部分は消滅します。

2．提案の対象

　保険料の払込みが困難になった方や保険リストラを検討中の方が対象です。

図表　払済保険への変更

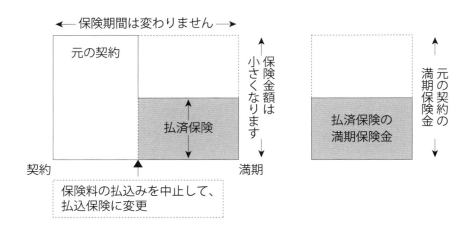

3. 個人顧客の保険の見直し

保険料の払込みをやめ保障を継続

ご提案のポイント

・元の契約の保険約款やご契約のしおりで、払済保険の制度の活用が可能かどうかを確認してください。

<前提条件>

・50歳男性 40歳で次の契約に加入している場合
・保険種類…養老保険
・保険期間…20年満期
・保険金額…5,000万円
・支払保険料…2,434,050円（平準年払い）

●50歳時点で払済保険に変更した場合

　40歳で加入していた養老保険を50歳で払済保険に変更した場合、払済後の保険金額は2,637万円になります。一方、解約した場合、この時点での累計払込保険料は2,434万円、解約返戻金は2,275万円となるので159万円の損になります。しかも保障がなくなります。

図表　払済保険の変更プラン

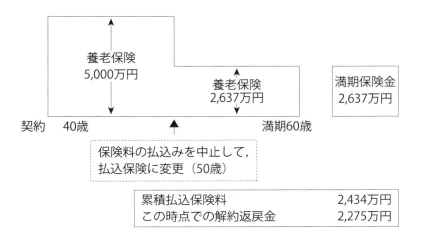

※上記の数値はあくまでイメージです。実際の保険設計とは異なる可能性があります。

Ⅱ．法人編

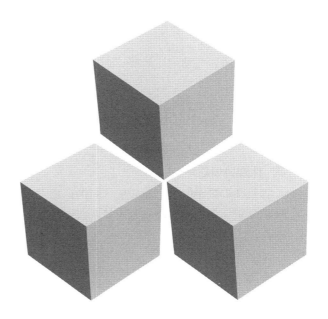

Ⅱ. 法人編

24 保険に加入する場合、税務上のチェックポイントは

1. 保険商品の多様性

生命保険は単に死亡保障だけでなく、節税になるケースがあります。ここでは、保険契約に加入する場合の税務上のチェックポイントを検証してみましょう。

2. 加入目的を明確にする

法人で、なぜ社員や役員に保険をかけなければならないのか、その目的を明確にしておく必要があります。よく『経済的合理性』の有無が税務上問われることがあります。そして、この経済的合理性の範疇には、節税行為は入らないと解釈しておいたほうが無難でしょう。

すなわち、節税以外の合理的な加入目的を明確にしておく必要があるということになります。

一般には、以下のような加入目的で契約が行われているようです。

① 経営者死亡の場合の会社経営リスクに備える
② 従業員の業務上の入院、通院、死亡保障
③ 役員、社員の生前および死亡退職金準備

3. 保険金の設定

保険金の設定は、上記の加入目的に応じ保険金額を合理的に決定しなければなりません。

（1） 経営者死亡リスクの保険金額の算定例示

会社清算のための費用	1億円
全従業員の退職金	5,000万円
経営者の死亡退職金	1億円
計	2億5,000万円

（2） 従業員の死亡保障
① 会社の就業規則、労働協約等による補償額
② 業務上の死亡保障の場合には、新ホフマン係数、ライプニッツ係数による算定

（3） 従業員の生前退職準備
退職給与規定による算定

4. その他の留意点

① 会社の経営内容と比較して、多額の保険料となっていないかどうか
② 保険料を当初より多額のファイナンスで行う等、不自然さはないか
③ 税法上の損金算入の条件を満たしているかどうか
　例えば、契約者、保険金受取人の設定は間違っていないかどうか
④ 経理処理は、税法上適正に行われているかどうか

こんな加入の仕方は問題となる

> **ご提案のポイント**
> ・保険に加入する場合、税務の取扱いに注意しましょう。加入目的には、節税以外の合理的目的が必要です。

1．長期定期保険

契約事例

被保険者	年齢	保険金
社　　長	50歳	3億円
一般社員	30歳	3億円
一般社員	25歳	3億円

保険金設定の合理的算定根拠が明示されない場合は、否認の可能性があります。

通常、一般社員に3億円の保険金が必要となるとは思えません。長期定期保険は、解約返戻金が多額に生じる場合が多く、社員の保障が加入目的というより、この解約返戻金に着目した租税回避行為とみられるおそれがあります。

したがって、一般社員2人の契約は否認されるおそれがあります。

2．養老保険

・契約者……法人

被保険者	保険金
社長	3,000万円
専務（社長の妻）	2,000万円
一般社員2名	200万円×2

・死亡保険金受取人…被保険者の遺族
・満期保険金受取人…法人

上記の契約形態で養老保険に加入した場合、2分の1が損金、残る2分の1が積立金となる取扱いがありますが、これは、従業員の福利厚生を前提とした取扱いとなっています。上記契約の保険金のバランスですと、一般社員より社長および社長の同族関係である妻の契約金額が全体の大部分を占めてしまいます。加入者の大部分が同族関係者である場合、その支払った保険料の2分の1は給与となる取扱いがありますが、この場合の大部分とは、単に人数だけでなく保険金も考慮すべきと思われます。したがって、社長および専務の保険料の2分の1は給与とされるおそれがあります。

3．その他の否認事例

①養老保険で税法上、保険料が2分の1となる取扱いで加入したが、実際は、主任以上の役職者だけの加入をしていたため、その保険料の2分の1が加入者に対する給与とされ、源泉所得税を徴収された。

②個人事業の医師が専従者、従業員を被保険者として養老保険に加入し、2分の1の保険料を必要経費として申告したが（保険金3,000万円、保険期間10年）、保険金額が従業員の生前退職金と整合性がない等の理由で否認された。

Ⅱ. 法人編

 役員の死亡保障をカバーし、節税したい

　定期保険は会社の事業リスクに備える際に、もっともよく利用される生命保険です。理由は、人的損失の大きい社長をはじめ役員に対する死亡保障を、終身保険や養老保険に比べて低いコストで確保することができ、また、保険料が損金になるからです。定期保険は満期保険金のない、いわゆる掛捨ての保障を重視した保険です。しかし、保険期間が長期に及ぶものでは解約したときに支払われる解約返戻金が払込保険料を上回るような場合もあります。

1．税務上の取扱い

　定期保険の保険料の税務上の取扱いは、逓増定期保険に該当する場合を除き、一般の定期保険と長期平準定期保険とに区別されます。

（1）　長期平準定期保険

　長期平準定期保険とは定期保険のうち次の要件のいずれにも該当するものをいいます。

① 　保険期間満了時の年齢　＞　70歳
② 　被保険者の加入年齢　＋　（保険期間×2）＞　105

　加入年齢とは保険契約の契約年齢のことをいい、保険期間満了時の年齢とは契約年齢に保険期間の年数を加えた年齢をいいます。保険料は、加入時より保険期間の6割の期間を経過するまでは、2分の1を損金にし、残りの2分の1の保険料は保険積立金として資産計上になります。

（2）　一般の定期保険

　一般の定期保険の保険料は、契約形態により、全額を損金にすることができます。
　したがって、死亡保障に加えて損金効果を考えた場合は、一般の定期保険が適しています。

2．定期保険特約の全期型と更新型

　定期保険は、終身保険などの特約として付加されるケースがあります。このとき、定期保険特約の保障期間の全期間を当初より保険期間として設定する全期型と、当初は短期の保険期間を設定し、期間が満了するごとに契約を更新していく更新型があります。
　保険料は、契約当初は更新型のほうが安くなります。しかし、更新型は契約更新ごとに契約年齢が上がり、保険料も上がるので、全期間通算した場合は、全期型のほうが割安になります。したがって、保険料の負担を考える場合に、全期間一定額にするか、当初の負担を軽くしておくのかが1つのポイントになります。

1. 法人オーナー・役員のニーズと保険提案
(1) 死亡保障

役員の保障も兼ね節税する

ご提案のポイント
・保険料は全額損金となり、役員の長期保障が安い保険料で得られます。

＜前提条件＞

・契約者…法人　　　　　　　　　・保険金…1億円
・被保険者…社長（45歳、男性）　・保険料（年払い）…76万円
・死亡保険金受取人…法人　　　　・保険期間…20年

まず、一般の定期保険と長期平準定期保険の区別をします。

①保険期間満了時の年齢　65歳＜70歳

　　　　　　　かつ

②被保険者の加入年齢（45歳）＋保険期間（20年×2）＝85

　　　　　85　＜　105

よって、長期平準定期保険の要件に該当しないので、一般の定期保険の取扱いになり、保険料は全額損金となります。

図表　解約返戻金と損金算入額の推移

定期保険（保険期間20年）　　　　　　　　　　　　　　　　　　　（万円）

年	年間保険料	保険料累計	損金算入額	節税額	解約返戻金	単純返戻率	死亡保険金
5	76.8	384.2	384.2	115	158	41%	10,000
10	76.8	768.4	768.4	230	305	40%	10,000
15	76.8	1,152.6	1,152.6	345	269	23%	10,000
20	76.8	1,536.8	1,536.8	461	0	0%	10,000

（税率は29.97％とします。）
※節税額は、上記の実効税率によっています。

　上図の年間の支払保険料は、正確には768,400円です。これが全額損金に算入できるので、1年の節税効果は230,289円になります。保険加入を検討する主なポイントとして、支払保険料の損金算入による効果と解約返戻率が挙げられます。この点からみると、保険料が100％損金に算入できますが、解約返戻率は5年後に41％で、以後はさらに下がっていきますので、養老保険や終身保険のような資産形成にはあまり適しません。しかし、他の保険に比べ保険料は安く、大きな保障を確保するのに適しています。

Ⅱ. 法人編

26 役員の死亡保障ができ、生前退職にも活用したい

1．解約返戻金も期待できる定期保険

　保険に加入する目的として、まず、会社の事業リスクに対する保障があげられます。特に、人的損失の大きい社長をはじめ役員に対する死亡保障を確保する際に、最もよく利用されるのが定期保険です。それは、定期保険が終身保険や養老保険に比べてより安い保険料で、必要保障額を確保することができるためです。定期保険は、いわゆる掛捨ての保険ですので、通常、解約返戻金はないか、あってもわずかです。しかし、定期保険でも、保険期間が長期に及ぶものは、解約返戻金が払込保険料を上回るものがあります。

　このような保険の種類は、必要な保障を確保すると同時に、役員が生前退職するときに解約して解約返戻金を退職金の支払原資として利用することができます。

2．税務上の取扱い

　定期保険の保険料は、税務の取扱い上次の3種類に分類できます。
　① 一般定期保険
　② 長期平準定期保険
　③ 逓増定期保険

　一般定期保険の保険料は、全額損金となります。長期平準定期保険、逓増定期保険の保険料については、契約期間中に多額の解約返戻金が生ずるため、損金算入額に一定の限度が設けられています。

3．長期平準定期保険とは

　定期保険のうち次の要件のいずれにも該当するものをいいます。
　① 保険期間満了時の年齢　＞　70歳
　② 被保険者の加入年齢　＋（保険期間×2）＞　105

　加入年齢とは、保険契約の契約年齢のことをいい、保険期間満了時の年齢とは、契約年齢に保険期間の年数を加えた年齢をいいます。長期平準定期保険の保険料はさきに述べたとおり、加入時より保険期間の6割相当の期間までは2分の1を損金に算入し、2分の1を資産計上します。保険期間の残り4割相当の期間は支払保険料の全額を損金に算入し、さらに、6割相当の期間で資産計上した金額を残りの保険期間に対応させて損金に算入します。

　したがって、最終的には全額損金になりますが、退職時に解約する場合には、解約の時期が保険期間の6割相当期間の前後になるケースが一般的で、結局、会社としての損金効果は2分の1になると考えられます。これは、定期保険の解約返戻金の推移のピークが、上記の期限前後に重なるためです。

1. 法人オーナー・役員のニーズと保険提案
(1) 死亡保障

経営者の十分な死亡保障と退職金原資を確保

ご提案のポイント
・経営者の長期の保障を、生前退職金の準備も兼ねて行います。

　通常、保険期間は必要な保障期間を検討して設定しますが、経営者については予想が難しい面もあります。したがって、加入当初から十分な保険期間を設定しておく必要があります。長期平準定期保険は、長期間の保障の確保と節税効果、加えて解約返戻金による生前退職金支払いの準備など、経営者にとって利用価値の高い保険です。

＜前提条件＞
・契約者…法人　　　　　　　　　　・保険金…1億円
・被保険者…社長（45歳、男性）　　・保険期間…50年
・保険金受取人…法人
　以上の条件で、一般の定期保険と長期平準定期保険の区別をします。
① 保険期間満了時の年齢　95歳＞70歳
② 被保険者の加入年齢（45歳）＋保険期間（50年×2）＝145
　　145＞105
　よって、いずれの要件にも該当しますので、長期平準定期保険の取扱いになります。

図表　解約返戻金と損金算入額の推移

長期平準定期保険（保険期間50年）　　　　　　　　　　　　　　　　　　（万円）

年	保険料累計	損金算入額	解約返戻金	単純返戻率	死亡保険金
5	1,174	587	977	83%	10,000
10	2,348	1,174	2,049	87%	10,000
25	5,871	2,935	5,156	87%	10,000
30	7,045	3,522	6,089	86%	10,000
35	8,219	5,577	6,853	83%	10,000

　上図のように、長期平準定期保険の場合、加入当初は年間の支払保険料の2分の1が損金に算入できます。
　解約返戻金は、25年後に5,156万円になり、以後は減少していき、最後は0になります。仮に、社長が70歳で退職した場合、加入時より25年を経過しますので、解約することで5,156万円の資金を手にすることができます。

解約返戻金の税務処理
　長期平準定期保険の解約返戻金は、その金額から保険料のうち、資産計上した金額の累計額を差し引いた残りの額を益金に算入します。

Ⅱ. 法人編

27 年々増える役員の死亡保障をカバーして、生前退職にも備えたい（1）

1．逓増定期保険の特徴

従来の生命保険の保険金は、契約時のまま変わらず一定額です。そのため保険期間が長期に及ぶ場合には、インフレなどの貨幣価値の変動や会社の成長に伴う必要保障額の増加にそのままでは適応できないケースが起こり得ます。

逓増定期保険は、保険期間中の死亡保険金が一定の率で年々増えていくものです。死亡保険金が保険期間や逓増率によって最高で契約初年時の5倍まで増加するものもありますので、役員の長期間の死亡保障の確保とその間のインフレヘッジに十分対応していくことが可能です。

逓増定期保険は定期保険ですので、保険期間満了時に満期保険金は支払われない、いわゆる掛捨て保険です。しかし、中途で解約した場合は、解約返戻金が支払われ、その解約返戻金の返戻率は、通常の長期平準定期保険と比較して高くなります。したがって、資産形成の上で効果的な保険といえます。

2．税務上の取扱い

逓増定期保険の保険料の税務上の取扱いは、一定の要件に応じて保険契約時から保険期間の6割に相当する期間に支払う保険料について、損金に算入できる割合が全額、2分の1、3分の1、4分の1と区別されることになりました。ただし、2008年2月28日以後契約分の税務上の逓増定期保険は、次に該当するものをいいます。

① 保険金が5倍までの範囲で増加
② 保険期間満了時の被保険者の年齢が45歳超

逓増定期保険でも上記に該当しない場合は、逓増定期保険の取扱いに縛られず、一般の定期保険の取扱いとなります。

このことで税務上、長期平準定期保険と逓増定期保険が区別されましたが、さらに逓増定期保険それ自体も損金効果の大きさや解約返戻金による資産形成の面などで特徴が異なる4つのタイプが生じることになります。

したがって、保険加入を検討する際は会社として、加入目的をより明確にする必要があります。

長期平準定期保険で死亡保障をカバー

ご提案のポイント
・保障重視の長期平準定期保険、退職金積立なら逓増定期保険

逓増定期保険と長期平準定期保険を比較してみると、保険金の違いに加えて、損金にできる金額に違いがみられます。新規加入や現在の保険契約を見直す際には、それぞれの特徴をよく理解することが大切です。

図表　逓増定期保険仕組図

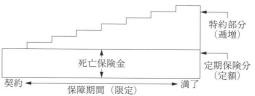

(注)特約型と主契約型があります。図表は特約タイプ。

次の条件で、逓増定期保険と長期平準定期保険を比較してみましょう。

＜前提条件＞
・契約年齢…40歳、男性

	保険期間	保険金 契約時	保険金 終了時	逓増率	年保険料	損金割合
長期平準定期	35年	10,000万円	10,000万円	－	101万円	2分の1
逓増定期	35年	3,120万円	13,728万円	10%	101万円	3分の1

逓増定期保険・長期平準定期保険比較
上段：長期平準定期保険／下段：逓増定期保険（万円）

	5年	10年	15年	20年	25年	30年	35年
保険金	10,000	1,0000	10,000	10,000	10,000	10,000	10,000
	4,368	5,928	7,488	9,048	10,608	12,168	13,728
累計保険料	507	1,015	1,522	2,030	2,537	3,045	3,552
	507	1,014	1,521	2,028	2,536	3,043	3,550
解約返戻金	333	719	1,041	1,256	1,303	1,021	0
	409	883	1,317	1,654	1,786	1,457	0
返戻率	65.6%	70.8%	68.3%	61.8%	51.3%	33.5%	0%
	80.6%	87.1%	86.5%	81.5%	70.4%	47.8%	0%
累計損金算入額	253	507	761	1,015	1,776	2,604	3,552
	169	338	507	676	1,521	2,536	3,550

上記比較から次のことがいえます。
① 死亡保障…保険金は契約時では3倍の違いがあります。その後徐々に差が縮まり、25年目以降は逓増定期が上回りますが、在職期間の保障では、平準定期保険が優れています。
② 解約返戻金…解約返戻金の推移は、常に逓増定期が上回ります。25年目で480万円強の差が生じます。
③ 損金算入額…損金算入割合では平準定期保険のほうが高く、25年目の累計で255万円損金算入金額が多くなります。

Ⅱ. 法人編

28 年々増える役員の死亡保障をカバーして、生前退職にも備えたい（2）

1. 逓増定期保険の特徴

逓増定期保険は、保険期間中の死亡保険金が一定の率で年々増えていきます。しかし、保険料は、加入時から保険期間中は定額ですので、加入当初の期間は、死亡保険金に対する保険料は、他の保険に比べて割高になります。ただし、この割高な部分が保障ではなく、運用にまわるために途中解約の際の解約返戻金が高くなるのが特徴です。

また、逓増定期保険の解約返戻金は、契約後早い段階で高率になる契約もあり、また契約の内容によっては契約後数年で支払った保険料の100％に近い返戻率になる場合もあり、経営者の退職準備金として活用することがあります。

ただし、あくまで掛捨ての定期保険であるため、返戻率のピークを過ぎると、徐々に解約返戻金は減っていき契約期間満了時には解約返戻金は０になるので注意が必要です。

税務上は、解約返戻率の良くなる長期間の保険契約については、保険料の損金算入割合が制限されます。その損金算入割合の判定は、図表のように判定します（(1)、(2)、(3)に当てはまらない場合、全額を損金算入）。

保険期間の６割に相当する期間経過後、期間満了までの保険料については全額を損金に算入し、また過去に資産に計上した保険料は、取崩して損金に算入します。

2. 死亡保険金・解約返戻金の取扱い

死亡保険金および解約返戻金の支払いがあった場合は、資産に計上してある保険料を全額取崩し、残額は雑収入として益金に算入します。

逓増定期保険は被保険者の加入時および保険期間満了時の年齢と保険期間によって、保険の特徴や効果に違いが生じます。

図表　損金算入割合の算定

	保険期間満了時の被保険者の年齢	加入時の被保険者の年齢＋保険期間×2	損金算入割合	備考
(1)	45歳超		2分の1	(2)、(3)を除く
(2)	70歳超	かつ　95超	3分の1	(3)を除く
(3)	80歳超	かつ　120超	4分の1	

（注）『加入時の被保険者の年齢』とは、保険証券に記載の契約年齢をいい、『保険期間満了時の被保険者の年齢』とは、契約年齢に保険期間の年数を加えた数に相当する年齢をいいます。

1. 法人オーナー・役員のニーズと保険提案
(1) 死亡保障

増加する役員の死亡リスクに対応する

ご提案のポイント

・役員の死亡保障も兼ね、節税しながら内部留保を形成します。

逓増定期保険は、年々増していく必要保障額に保険金が逓増することで対応でき、かつ、解約返戻金による資産形成にも適しています。しかし、税務上の取扱いから3つのタイプに区別され、特徴も違うため加入の際は、

① 死亡保障
② 資産形成
③ 損金効果

のバランスから会社の目的に適したものを選択しましょう。

図表1　逓増定期保険3つのタイプ

Ⅱ. 法人編

1. タイプ1　1／2損金型
＜前提条件＞

契約形態

・契約者…法人　　　　　　　　　・加入時の契約年齢…40歳

・被保険者…役員・従業員　　　　・保険期間…30年

・死亡保険金受取人…法人　　　　・満期年齢…70歳

これで保険料の損金算入割合を判定すると、

① 満期年齢　45歳超
② 加入時の契約年齢＋保険期間×2
　　40 ＋ 30 × 2 ＝ 100

よって、加入時より保険期間の6割に相当する期間になる18年間（＝ 30年× 0.6）は保険料の2分の1を損金にでき、残り2分の1を前払保険料として資産計上します。そして、19年目より満了時までの期間は、保険料の全額が損金に算入でき、かつ、資産に計上した前払保険料も期間の経過に応じて取崩して、損金の額に算入できます。

図表2　1／2損金型　　　　　　　　　　　　　　　　　　　　　　　　　　　　　　（万円）

	加入時	5年	10年	15年	20年	25年	30年
保険金	3,000	3,123	4,872	15,000	15,000	15,000	15,000
累計保険料	100	504	1,009	1,514	2,019	2,523	3,028
解約返戻金	－	452	994	1,259	1,255	928	0
返戻率	－	89.6%	98.4%	83.1%	62.1%	36.7%	0%
累計損金算入額	50	252	504	757	1,261	2,145	3,028

タイプ2　1／3損金型
＜前提条件＞

契約形態

・契約者…法人　　　　　　　　　・加入時の契約年齢…40歳

・被保険者…役員・従業員　　　　・保険期間…35年

・死亡保険金受取人…法人　　　　・満期年齢…75歳

これで保険料の損金算入割合を判定すると、

① 満期年齢　70歳超
② 加入時の契約年齢＋保険期間×2
　　40 ＋ 35 × 2 ＝ 110 ＞ 95

よって、加入時より保険期間の6割に相当する期間になる21年間（＝ 35年× 0.6）は保険料の3分の1を損金にでき、残り3分の2を前払保険料として資産計上します。そして、22年目より満了時までの期間は保険料の全額が損金に算入でき、かつ、前払保険料も

1. 法人オーナー・役員のニーズと保険提案
(1) 死亡保障

期間の経過に応じて取崩して損金の額に算入できます。

図表3　1／3損金型　　　　　　　　　　　　　　　　　　　　　　　　　　　　　　　　　　（万円）

	加入時	5年	10年	15年	20年	25年	30年	35年
保険金	3,000	3,123	4,872	15,000	15,000	15,000	15,000	15,000
累計保険料	134	672	1,345	2,017	2,690	3,363	4,035	4,708
解約返戻金	55	625	1,362	1,850	2,106	2,101	1,760	0
返戻率	40.8%	92.9%	101.2%	91.6%	78.3%	62.4%	43.6%	0%
累計損金算入額	44	224	448	672	896	2,017	3,094	4,708

タイプ3　1／4損金型

＜前提条件＞

契約形態

・契約者…法人　　　　　　　　　　　・加入時の契約年齢…40歳
・被保険者…役員・従業員　　　　　　・保険期間…45年
・死亡保険金受取人…法人　　　　　　・満期年齢…85歳

これで保険料の損金算入割合を判定すると、

① 満期年齢　80歳超
② 加入時の契約年齢＋保険期間×2
　　40＋45×2＝130＞120

よって、加入時より保険期間の6割に相当する期間になる27年間（＝45年×0.6）は保険料の4分の1を損金にでき、残り4分の3を前払保険料として資産計上します。そして、28年目より満了時までの期間は、保険料の全額が損金に算入でき、かつ、前払保険料も期間の経過に応じて取崩して損金の額に算入できます。

図表4　1／4損金型　　　　　　　　　　　　　　　　　　　　　　　　　　　　　　　　　　（万円）

	加入時	5年	10年	15年	20年	25年	30年	35年	40年	45年
保険金	3,000	3,648	4,653	5,940	7,581	9,675	12,348	15,000	15,000	15,000
累計保険料	193	968	1,937	2,906	3,875	4,844	5,813	6,782	7,750	8,719
解約返戻金	121	908	1,937	2,995	4,075	5,115	5,932	6,015	4,758	0
返戻率	62.7%	93.7%	99.7%	103.0%	105.1%	105.5%	102.0%	88.6%	61.3%	0%
累計損金算入額	48	242	484	726	968	1,211	2,543	4,602	6,660	8,719

II. 法人編

29 役員の死亡保障を、貯蓄もできる保険でカバーしたい（1）

1. 貯蓄型保険

一般に、貯蓄型保険といわれているものには、養老保険、終身保険があります。

養老保険は、死亡保険金と満期保険金が同額の保険で、貯蓄性が高い保険です。しかし、貯蓄性が高い分、保険料も割高となり、保障は終身でなく、一定の期間が過ぎると終了してしまいます。

それに比べ、終身保険は、養老保険に比べれば貯蓄性は見劣りしますが、保障は終身続きますし、貯蓄性もある保険です。

2. 役員の死亡保障と貯蓄を兼ねるなら終身保険

貯蓄と死亡保障を兼ねるなら終身保険が適しています。図表1は、保険料比較表です。養老保険は、終身保険に比べて保険料がかなり割高になっています。

月額の保険料では定期保険のほうが安いのですが（図表2）、定期保険は保障が一定期間で終了し、満期返戻金のない、いわゆる掛捨て保険です。ただし、保険期間が異なるので、単純には比較できないのですが、このケースですと、保険料累計では、30年で定期保険の保険料が終身保険を上回ります。この原因は、終身保険は、解約返戻金の運用益が保険料に充当されるからです。日本では、現在最高で100歳まで保障する定期保険が発売されていますが、会社のニーズが保障と貯蓄性を重視するなら終身保険のほうが適しているといえます。ただし、終身保険は、貯蓄性の高い保険ですので保険料は損金にならず、保険積立金として資産計上となります。

3. 他の保険との解約返戻金の比較

終身保険は、契約後5年で82％、10年で90％、20年で101％の解約返戻率となります。99歳では156％の返戻率となります。養老保険は、15年で返戻金が100％を超えるので、貯蓄性は高いのですが、15年で保険契約が終了してしまいます。

定期保険は、保険料が安い分、返戻率も下がります。また、期間満了の45年後には、解約返戻金は0円となります（図表3参照）。

4. 返戻率を上げて貯蓄性を高める方法

返戻率を上げるためには、下記の方法があります。

（1） 保険料を年払にする

保険料は月払より年払のほうが割引になり、支払保険料総額が少なくなります。

（2） 保険料の払込期間を短くする

保険料の払込期間を短くすることで、支払保険料総額は少なくなります。

その分月々の保険料は上がります。

（3） 保険料を前納する

保険料払込期間満了までの年払保険料の全額または一部を支払うことで前納割引率が適用され、支払保険料総額が少なくなります。

1. 法人オーナー・役員のニーズと保険提案
(1) 死亡保障

図表1　終身保険と養老保険の総支払保険料比較　(円)

性別	男性
年齢	45歳
保険金	1億円

保険種類	月保険料	総支払保険料
終身保険	405,300	72,954,000
養老保険	552,700	99,486,000

図表2　終身保険と定期保険の総支払保険料比較　(円)

保険種類	月保険料	総支払保険料
終身保険	405,300	72,954,000
定期保険	177,500	95,850,000

図表3　解約返戻金の推移　(円)

終身保険	保険料累計	解約返戻金	返戻率
1年	4,863,600	2,550,000	52.4%
5年	24,318,000	20,120,000	82.7%
10年	48,636,000	43,830,000	90.1%
15年	72,954,000	69,260,000	94.9%
20年	72,954,000	74,110,000	101.5%
25年	72,954,000	78,960,000	108.2%

養老保険	保険料累計	解約返戻金	返戻率
1年	6,632,400	3,730,000	56.2%
5年	33,162,000	28,700,000	86.5%
10年	66,324,000	62,660,000	94.4%
15年	99,486,000	100,000,000	100.5%

定期保険	保険料累計	解約返戻金	返戻率
1年	2,130,000	1,030,000	48.3%
5年	10,650,000	8,330,000	78.2%
10年	21,300,000	17,680,000	83.0%
15年	31,950,000	26,720,000	83.6%
20年	42,600,000	35,710,000	83.8%
25年	53,250,000	44,190,000	82.9%
45年	95,850,000	0	0%

Ⅱ. 法人編

貯蓄も兼ねながら役員の死亡保障に対応

ご提案のポイント
・役員の死亡保障と貯蓄も兼ね、終身保険に加入します。終身保険は一生涯の保障があり、契約者変更をすることにより退職後の保障も確保できます。

1. 加入目的
① 役員の死亡退職金の準備をし、併せて生前退職金にも活用する。
② 役員死亡のリスクに対応しながら、解約返戻金を利用した資金づくりもする。

2. 保険契約
次の契約による終身保険に加入します。

- 契約者…法人
- 被保険者…社長
- 死亡保険受取人…法人
- 死亡保険金…1億円
- 保険料（口座月払い）…405,300円
- 60歳払込総支払保険料…72,954,000円
- 保険期間…終身

3. 契約内容
会社は、月払い保険料405,300円を15年間支払います。社長死亡の場合は1億円の保険金が会社に支払われます。

この保険商品は無配当保険ですので配当は支払われませんが、解約返戻金は確定しています。

4. 契約者貸付
解約返戻金の範囲内で会社は保険会社より貸付を受けることができるので、短期資金がショートした場合には、保険を解約しなくても、この貸付で対応することができます。

図表1　経理処理

① 保険料の支払時

（借方）	（貸方）
保険積立金　405,300円	現預金　405,300円

② 社長の死亡時（15年目の例）

（借方）	（貸方）
現預金　100,000,000円	雑収入　27,046,000円
	保険積立金　72,954,000円

③ 社長退職時に契約者変更（20年目の例）

（借方）	（貸方）
退職金　74,954,000円	雑収入　2,000,000円
	保険積立金　72,954,000円

（注）③は解約返戻金が保険積立金を上回っている場合の処理。もし、解約返戻金が保険積立金を下回っている場合には、雑損失が計上されます。

1. 法人オーナー・役員のニーズと保険提案
(1) 死亡保障

ただし、貸付には一定の利息がかかります。

5. 社長の生前退職時

社長が勇退退職する場合には、この保険契約を社長に契約者変更できます。この場合、契約者変更時の解約返戻金に相当する金額が退職金として課税の対象となります。社長は保険料を払い続け、この保険契約を維持できます。また、保険料が負担となる場合、保障は下がりますが、払済保険にして、保険料の支払いをストップすることもできます。

また、解約し、その解約返戻金を役員退職金の原資とすることができます。

6. 社長の死亡時

死亡保険金を原資として、死亡退職金、弔慰金を社長(遺族)に支払います。

死亡退職金のうち税法上、過大と認定される部分がある場合、その過大部分については損金となりませんので注意してください。

会社で、役員退職給与規程の整備をし、損金として認められる役員退職金の限度額を検討しておく必要があります。

役員退職金限度額の算定は、死亡直前の月額役員報酬に、勤続年数と役員ごとの功績倍率を乗じて計算する方法が一般的に行われています。

＜役員退職金の計算＞

月額役員報酬×勤続年数×功績倍率

また、役員退職金を支給するときは、株主総会の決議が必要となります。

図表2 終身保険解約返戻金表

年	年齢	保険料累計	解約返戻金	返戻率
1	46	4,863,600 円	2,550,000 円	52%
2	47	9,727,200 円	6,910,000 円	71%
3	48	14,590,800 円	11,230,000 円	76%
4	49	19,454,400 円	15,630,000 円	80%
5	50	24,318,000 円	20,120,000 円	82%
6	51	29,181,600 円	24,690,000 円	84%
7	52	34,045,200 円	29,340,000 円	86%
8	53	38,908,800 円	34,080,000 円	87%
9	54	43,772,400 円	38,910,000 円	88%
10	55	48,636,000 円	43,830,000 円	90%
15	60	72,954,000 円	69,260,000 円	94%
20	65	72,954,000 円	74,954,000 円	104%
25	70	72,954,000 円	78,960,000 円	108%
30	75	72,954,000 円	83,570,000 円	114%
35	80	72,954,000 円	87,740,000 円	120%

Ⅱ. 法人編

30 役員の死亡保障を、貯蓄もできる保険でカバーしたい（2）

1．一時払終身保険の活用

終身保険の特色は、保障が終身にわたり受けられるところにあります。また、解約返戻金もあり、貯蓄機能も兼ね備えています。

今後、高齢化社会を迎え、終身保険のニーズは増えていくものと考えられます。同族会社の役員は、定年も高齢になることが予想されますので、保障が終身まで続く終身保険は、会社のリスクヘッジに適しているといえましょう。

2．払込方法による保険料の違い

保険料の払込方法は、月ごとに払う月払い、半年ごとに払う半年払い、1年ごとに払う年払い、一時に払う一時払い、全期間の保険料を前払する前納払い等があります。

それぞれ資金状況に応じて払込方法を選択できますが、保険会社は預かった保険料を運用し、保険料率を設定しているため、一時払保険料が最も割安となっています。

3．一時払終身保険の解約返戻金

一時払い終身保険の解約返戻金は図表2のとおりです。

4．経理処理

一時払終身保険の保険料は、全額資産計上となり損金になりません。しかし、その後の運用により解約返戻金が払込保険料を超えても、超えた部分については雑収入を計上する必要がなく、含み益が生じることになります（図表2参照）。

図表1　払込方法別保険料の違い

45歳、男性、保険金1億円、無配当商品での比較例

	保険料	払込保険料合計
月払い	405,300 円	72,954,000 円
半年払い	2,406,800 円	72,204,000 円
年払い	4,730,800 円	70,962,000 円
全期前納払い	66,418,170 円	66,418,170 円
一時払い	63,242,000 円	63,242,000 円

・一時払い以外は60歳（15年）払込

図表2　一時払終身保険の解約返戻金

45歳男性、保険金1億円、終身保険、一時払い

（円）

年	年齢	払込保険料	解約返戻金	含み益	返戻率
1	46歳	63,242,000	62,040,000	▲1,202,000	98.1%
5	50歳	63,242,000	65,320,000	2,078,000	103.3%
10	55歳	63,242,000	69,550,000	6,308,000	110.0%
15	60歳	63,242,000	73,790,000	10,548,000	116.7%
20	65歳	63,242,000	78,050,000	14,808,000	123.4%
25	70歳	63,242,000	82,260,000	19,018,000	130.1%
30	75歳	63,242,000	86,230,000	22,988,000	136.3%
35	80歳	63,242,000	89,770,000	26,528,000	141.9%
40	85歳	63,242,000	92,760,000	29,518,000	146.7%
45	90歳	63,242,000	95,110,000	31,868,000	150.4%

1. 法人オーナー・役員のニーズと保険提案
(1) 死亡保障

一時払終身保険でリスクヘッジ（自己資産）

ご提案のポイント

・一時払いは最も効率のよい保険料の払い方です。また、含み益が生じ、会社の体力づくりにもなります。

1. 加入目的
① 役員の死亡リスクに備え、併せて生前退職金の準備もする。
② 保険の含み益で会社の体力をつける。

2. 保険契約
次の契約による終身保険に加入します。

契約者	法人
被保険者	社長
保険金受取人	法人
保険金	1億円
保険料（一時払い）	63,242,000円
保険期間	終身

3. 保険内容
　会社で社長死亡によるリスクに備えるため、社長を被保険者、死亡保険金受取人を会社とする一時払終身保険に加入します。
　社長が死亡の場合には、1億円の保険金が会社に支払われます。この保険金を会社は社長の退職金や借入等の債務返済、会社整理の費用にあてます。

4. 契約者貸付
　解約返戻金の範囲内で保険会社より貸付を受けることができるので、短期資金がショートした場合には、保険を解約せず資金調達が可能となります。
　ただし、契約者貸付には一定の利息がかかり、貸付金と契約者貸付利息の合計が解約返戻金を上回る場合には、保険契約は失効してしまいますので注意してください。

II. 法人編

5. 経理処理

① 保険料払込み時

保険積立金（借方）	63,242,000 円	現預金（貸方）	63,242,000 円

② 11年目に中途解約した場合

現預金（借方）	70,400,000 円	保険積立金（貸方） 雑収入（貸方）	63,242,000 円 7,158,000 円

③ 死亡保険金受取時

現預金（借方）	100,000,000 円	保険積立金（貸方） 雑収入（貸方）	63,242,000 円 36,758,000 円

6. 解約返戻金表

45歳男性、保険金1億円、終身保険、一時払い　　　　　　　　　　　　（円）

年	年齢	払込保険料	解約返戻金	含み益	返戻率
1	46歳	63,242,000	62,040,000	▲1,202,000	98.1%
5	50歳	63,242,000	65,320,000	2,078,000	103.3%
10	55歳	63,242,000	69,550,000	6,308,000	110.0%
15	60歳	63,242,000	73,790,000	10,548,000	116.7%
20	65歳	63,242,000	78,050,000	14,808,000	123.4%
25	70歳	63,242,000	82,260,000	19,018,000	130.1%
45	90歳	63,242,000	95,110,000	31,868,000	150.4%

7. 社長の生前退職時（70歳退職）

　社長が生前退職時には、社長死亡による会社の経営リスクは回避されており、死亡リスクに備える終身保険としての役割は終了します。その場合には、一時払終身保険の活用の仕方として、生前退職金の原資とすることができます。

（1）解約して退職金を支払う。

　社長の生前退職時には、一時払終身保険を解約して、解約返戻金を退職金の原資にあてます。

　このとき、解約金と保険積立金の差額は雑収入または雑損失として計上されます。

　ただし、雑収入が計上される場合でも、同事業年度に退職金を払えば、退職金の損失が雑収入と相殺されます。

経理処理

70歳に中途解約した場合

現預金（借方）	×××	保険積立金（貸方）	×××
		雑収入（貸方）	×××

退職金を支払った場合

現預金（借方）	×××	現預金（貸方）	×××
		預り金（貸方）	×××

（2）退職金として一時払終身保険を社長に契約者変更

　一時払終身保険を解約せずに退職金として、契約者を法人から社長に契約者変更します。この場合、契約者変更時の解約返戻金相当額が退職金として課税の対象になります。

　社長はこの保険を万が一の保障として継続することも、老後の資金として解約することも可能です。

　ただし、この場合には、社長の退職金の手取りは解約返戻金相当額になるため、退職所得の源泉税分も上乗せして支給する必要があります。

経理処理

契約者変更した場合

現預金（借方）	×××	保険積立金（貸方）	×××
		雑収入（貸方）	×××
		預り金（貸方）	×××

（注）退職金は税務上、損金として認められる限度額があります。上記のケースは、損金として認められる範囲内と仮定しています。

Ⅱ. 法人編

31 保険料負担を抑えながら退職金の準備をしたい

　低解約返戻金型終身保険とは、保険料払込期間中に解約した場合の解約返戻金が低く設定されている終身保険です。保険料の払込期間中、解約返戻金が低く設定してあるため、一般的な終身保険より保険料が抑えられます。保険料払込期間が終了すると払込期間中より解約返戻率が高くなるため、貯蓄をしつつ、保障も兼ね備えた保険です。

　そこで退職時にあわせて保険料の払込が終わるように保険契約を設定します。保険料払込が終了した時点で退職金として名義変更することにより、その後は返戻率が100％を超えるため、他の保険契約で受け取るよりも貯蓄性が高い保険となります。

1. 税務上の取扱い

　払込保険料は、損金とはならず、保険積立金として全額資産計上となります。

保険積立金　2,646,000 円	現預金　2,646,000 円

2. 退職時の経理処理

　退職時に契約名義を法人から個人に変更した場合に、退職金として交付する生命保険契約の権利の価額は、その時の解約返戻金相当額になります。経理処理は次のとおりです。

例　10年後に退職した場合

退職金　18,060,000 円	保険積立　26,460,000 円
雑損失　8,400,000 円	

3. 解約返戻率の推移の例

　低解約返戻金型終身保険は、保険料の払込期間中は解約返戻率が低く設定されています。

　契約後5年で64％、10年で68％、15年で70％の返戻率となり、保険料の払込期間が終了した16年以降は100％を超える返戻率となります。

図表　低解約返戻金型終身保険　解約返戻率の推移

（単位：円）

経過年数	年齢	保険料累計	資産計上額	解約返戻金	返戻率
1	46	2,646,000	2,646,000	1,246,000	47.1%
3	48	7,938,000	7,938,000	4,840,500	61.0%
5	50	13,230,000	13,230,000	8,512,000	64.3%
10	55	26,460,000	26,460,000	18,060,000	68.3%
15	60	39,690,000	39,690,000	28,028,000	70.6%
16	61	39,690,000	39,690,000	40,370,000	101.7%
20	65	39,690,000	39,690,000	41,685,000	105.0%
30	75	39,690,000	39,690,000	44,750,000	112.7%
40	85	39,690,000	39,690,000	47,225,000	119.0%
50	95	39,690,000	39,690,000	48,795,000	122.9%

※積立利率1.25％の例

1．法人オーナー・役員のニーズと保険提案
(2)退職金原資確保

低解約返戻金型終身保険を活用して退職金の準備をする

ご提案のポイント

・低解約返戻金型終身保険は、保険料払込期間中は解約返戻率が低いですが、死亡保障が担保されます。保険料払込期間経過後は死亡保障のみならず生前退職金、死亡退職金の準備ができ、かつ、会社の資金繰りにも活用することができます。

1．保険契約
次の契約による終身保険に加入します。
- 契約者…法人
- 被保険者…役員（45歳）
- 死亡保険受取人…法人
- 死亡保険金…5,000万円
- 保険料（年払い）…2,646,000円
- 払込期間…15年
- 総払込保険料…39,690,000円
- 保険期間…終身

2．契約内容
契約者である法人が、保険料2,646,000円を15年間支払います。なお、役員が死亡した場合には5,000万円の保険金が支払われます。

3．役員の生前退職時
役員が勇退した場合には、加入している保険を次の方法で退職金として支払うことができます。
①保険契約を解約し、法人が受け取った解約返戻金で役員の退職金を支払う方法
②保険契約を解約せずに、契約者と受取人の名義を役員に変更し、退職金として保険契約を役員に現物支給する方法

4．注意点
(1) 法人で契約した保険契約を個人に現物支給する場合には、退職等の経済的合理性が必要となります。
(2) 払込期間終了前に退職等により現物支給する場合には、その後個人で保険料の支払いをする必要があります。

払込期間終了後に退職等により現物支給する場合には、解約返戻金が払込保険料を上回るため、保険契約を役員に現物支給し、その後、役員が解約した場合には、解約に伴う一時所得の金額については、役員本人が負担した金額のみ解約返戻金から控除することができます（法人が支払った保険料は控除することができませんが、退職金として課税された部分については控除することが可能です）。

(3) 会社で、役員退職給与規程を整備し損金として認められる役員退職金の限度額を検討しておく必要があります。

役員退職金限度額の算定は、死亡直前の月額役員報酬に、勤続年数と役員ごとの功績倍率を乗じて計算する方法が一般的に行われています。

また、役員退職金を支給するときは、株主総会の決議が必要となります。

Ⅱ．法人編

32 病気になったときの保障を確保し、生前退職金にも活用できる生命保険

1．がん保険（終身保障タイプ）の概要

がん保険の保険料は掛捨てであり、いわゆる満期保険金はありませんが、長期間にわたる保険料が平準化されているため、保険期間の前半において保険契約の失効・解約の場合には払込期間に応じた返戻金が契約者に払い戻されます。この保険特性を利用して、病気になった時の保障を兼ねつつ、生前退職金の準備を行うことができます。

2．保険料の税務上の取扱い

（1）保険金受取人が会社の場合

①終身払込の場合には、加入時の年齢から105歳までの期間を計算上の保険期間（保険期間）とし、加入時から当該保険期間の50％に相当する期間（前払期間）については、支払保険料の2分の1を資産に計上します。残りの2分の1を損金の額に算入します。

前払期間経過後については、支払保険料の額を損金の額に算入するとともに、前払期間の資産計上額を前払期間経過後の期間で按分して損金の額に算入します。

②有期払込の場合は、保険料払込期間と保険期間の経過とが対応せず、支払う保険料の中に前払保険料が含まれていることから次のように計算されます。

イ．前払期間
ⅰ）保険料払込期間

次により計算した金額を損金の額に算入し、残額を資産に計上します。

①支払保険料 × $\dfrac{保険料払込期間}{保険期間}$ ＝当期分保険料

②当期分保険料 × $\dfrac{1}{2}$ ＝損金算入額

ⅱ）保険料払込期間満了後

保険料払込期間満了後は、上記ⅰ）より計算した金額を資産から取り崩して損金の額に算入します。

ロ．前払期間経過後の期間

前払期間経過後は、資産に計上された金額を前払期間経過後の期間で按分して損金の額に算入します。

（2）保険受取人が役員または使用人の場合

役員または部課長その他特定の使用人のみを被保険者としているような場合には、その役員または使用人の給与となります。したがって、福利厚生費として給与扱いされないようにするには、普遍的加入条件を満たす必要があります。

図表1　終身払込がん保険の仕組み

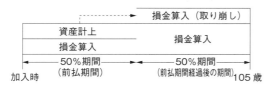

図表2　有期払込がん保険の仕組み

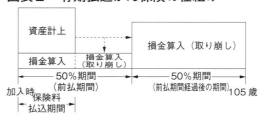

1. 法人オーナー・役員のニーズと保険提案
(2) 退職金原資確保

がん保険を活用し、生前退職金を確保する

ご提案のポイント

- 終身払込の場合、保険料の2分の1は損金、2分の1は資産として計上します。
- 保障はがんに限りますが、長い期間にわたり比較的高い返戻率が保たれます。ただし、あまり高額な保険料設計ができません。
- 保障されるのはがんの場合に限られるため、他の生命保険と組み合わせることを検討します。

　がん保険は、がんと診断された場合に一時金が支払われたり、がんで入院した場合に入院給付金が支払われます。解約返戻率が高いためがん保険を活用し、役員のがんに対するリスクに備えるとともに、税メリットを生かしつつ退職金資金準備を行います。

がん保険　加入年齢45歳
（単位：万円）

経過年数	年齢	保険料累計	資産計上額	解約返戻金	返戻率
1	46	1,690	845	1,156	68.4%
3	48	5,072	2,536	4,157	81.9%
5	50	8,454	4,227	7,199	85.1%
10	55	16,909	8,455	14,565	86.1%
15	60	25,363	12,682	21,900	86.3%
20	65	33,818	16,909	28,998	85.7%
30	75	50,727	25,364	41,605	82.0%
50	95	84,546	8,455	44,418	52.5%

＜役員の退職金資金の準備＞

　終身払込で会社受取のがん保険の支払時には保険料の2分の1は損金、2分の1は資産計上となります。解約返戻金受取時は資産計上額との差額が雑収入として益金に算入されることになります。

　在職中に保険料を支払っておきその保険料の2分の1を損金算入して節税を行い、解約時に解約返戻金と資産計上額との差額が益金算入となりますが、退職金を支払うことにより損金が発生しますので、益金と損金が相殺される形になります。

＜福利厚生としてのがん保険＞

　保険金受取人が役員または使用人の場合は、普遍的加入要件を満たす限り、保険料の2分の1が福利厚生費として損金算入されます。これを活用し、福利厚生としてがん保険に加入します。この場合もがん保険は解約返戻率が高いため、資金的にひっ迫した時などに解約することにより資金調達を図ることができます。

　いずれの場合も、がん保険で保険金が支払われるのは、基本的にがんの診断を受けた場合、あるいは、がんによる死亡のみとなりますので、法人のリスク対策としては注意が必要です。

Ⅱ. 法人編

33 個人年金を退職年金制度に活用したい

1．個人年金で退職年金制度

役員、社員の生前退職金の原資を準備するため、個人年金保険を活用することができます。個人年金保険を利用すれば、退職金を一時に受け取るか、年金で受け取るのかの選択ができます。

また、退職後の厚生年金の補完としても利用できます。

2．契約例

契約者、死亡給付金受取人、年金受取人はいずれも法人とします。

被保険者は男性、45歳です。

年金種類	15年確定年金
基本年金額	120万円
基本年金総額	1,800万円
保険料月額	137,976円
保険料払込期間	10年
総保険料	16,557,120円
特約	なし
年金期間	55歳から70歳

3．契約内容

55歳で退職し、55歳より会社から退職年金を支給します。厚生年金の支給開始年齢は65歳ですから、その間の生活保障がカバーできます。

年金は、55歳から70歳まで年額120万円（配当は含んでいません）となります。

また、一時金で受け取る場合には解約返戻金があり、これを退職一時金の原資とすることができます。

年金開始前に被保険者が死亡した場合、死亡時期に応じて死亡保険金が法人に支払われます。

4．法人の税務

保険料支払時から年金支給までの経理処理は、以下のとおりです。

① 保険料支払時

保険積立金　137,976円	預金　137,976円

② 契約者配当の処理

配当通知を受けた日の属する事業年度で益金の額に算入します。

配当積立金　○○円	雑収入　○○円

③ 年金受取時

預金　100,000円	保険積立金(注)　91,984円 雑収入　　　　　8,016円

（注）保険積立金の取崩し計算

$$\underset{\text{（払込保険料総額）}}{16{,}557{,}120\text{円}} \times \frac{100{,}000\text{円（年金額）}}{1{,}800\text{万円（年金総額）}}$$

④ 退職者へ年金支払時

退職金　100,000円	預金　100,000円

1. 法人オーナー・役員のニーズと保険提案
(2) 退職金原資確保

公的年金の不足分を個人年金でカバーする

ご提案のポイント

・法人契約の個人年金で退職年金制度を充実し、公的年金の支給開始年齢までの補完と年金の上乗せをします。

退職年金制度

役員A氏の退職年金制度として本プランを導入します。
① A氏が退職した場合、退職金を一時で受給するか、年金で受給するか、いずれかの選択ができます。
② A氏は、月額10万円の退職年金を15年間受給できます。
③ A氏が退職年金を受給中に死亡した場合は、年金を解約しその時点での解約返戻金を相続人が取得するか、または、残存期間の年金を受け取る権利を相続し、相続人がA氏に代わり年金を受給するかの選択ができます。

契約内容

年金種類	10年払込み15年確定年金
契約者	法人
被保険者	A氏
年金受取人	法人
死亡給付金受取人	法人
基本年金年額	120万円
基本年金総額	1,800万円
保険料月額	137,976円
総保険料	16,557,120円
年金期間	55歳開始70歳終了

解約返戻金 (万円)

年齢	累計保険料	解約返戻金	積立配当	合計	返戻率
46	165	125		125	76%
47	331	283	1	284	86%
48	496	441	2	443	89%
49	662	602	4	606	92%
50	827	766	7	773	93%
51	993	932	11	943	95%
52	1,158	1,101	15	1,116	96%
53	1,324	1,273	20	1,293	98%
54	1,490	1,447	27	1,474	99%

A氏は55歳退職時に、月額10万円の退職年金を15年間受給するか、または、退職一時金として1,640万円(配当含む)を受給するか、いずれかの選択ができます。

経理処理

(1) 保険料は保険積立金として資産計上します。

保険積立金(借方) 137,976円	預金(貸方) 137,976円

(2) 年金受取時は、受取年金に対応する保険積立金を取崩します。

預金(借方) 100,000円	保険積立金(貸方) 91,984円 (注) 雑収入(貸方) 8,016円

(注) $16,557,120円(払込保険料総額) \times \dfrac{10万円(年金額)}{1,800万円(年金総額)} = 91,984円$

(3) A氏への年金支給

退職金(借方) 100,000円	預金(貸方) 100,000円

Ⅱ．法人編

34 以前生前退職に備えて保険に加入したが退職時期が先に延びた

1．養老保険が満期を迎えてしまう

あらかじめ保険期間を退職時期に合わせて加入し、予定退職時期が延びた場合、2つの問題が生じます。

1つは、保険期間が満了してしまって、死亡保障がなくなることです。

もう1つは、満期保険金が支払われるために、保険料支払時に2分の1を損金経理しているケースでは雑収入が発生するということです。

本来ですと、退職金も同じ事業年度に支払われる予定でしたから、退職金と相殺され、雑収入にかかる税金の心配も必要なかったはずですが、この分の納税が生じてしまうことで、退職金支給のための資金の一部が納税にまわってしまいます。

2．年金払特約を付加する

年金払特約を付加することで、満期保険金を年金として受け取ることができます。

この場合に発生する雑収入の額は、

支払いを受ける年金額 － 保険積立金 ×
（支払いを受ける年金額／年金受取総額）

となります。したがって、満期保険金を翌年度以降に分けることで、当面の納税負担を軽減できます。また、実際に退職金支払時は解約して資金化するほかに、法人から退職者に契約者変更して、以後の年金受取人を退職者にする方法もあります。

死亡保障については、改めて退職時期に合わせて、定期保険に新規加入して必要保障額を確保するのがよいでしょう。

3．定期保険の解約返戻金が下がってしまう

長期平準定期・逓増定期保険の場合は解約返戻金の推移が加入当初から増加し、ある時点から減少し続け、保険期間満了時にゼロになります。解約返戻金を退職金原資に充当する場合、解約返戻金のピークのときに退職時期を予定していて、その退職時期が2、3年延びる程度だと、解約返戻金は大して減少しませんが、10年以上退職時期が延びる場合には、解約返戻金の減少が大きく、退職金の支払原資不足が考えられます。その解決方法として、

① 終身保険に変換、払済保険にし、解約返戻金を運用する
② 解約して、その資金を運用する

等が考えられますが、①の場合には保障金額が減少し、②の場合には保障がなくなってしまいます。また、いずれも変換、解約の雑収入の処理が必要になりますので、そのときの会社の状況に応じて対応する必要があります。

1. 法人オーナー・役員のニーズと保険提案
(2) 退職金原資確保

養老保険の満期保険金を年金払で受け取る

ご提案のポイント
・年金払特約を利用し、退職時期の変更に対応します。

<前提条件>
・養老保険
・満期保険金…3,000万円（法人税等の税率を29.97％とする）
　これに対し、以下の条件で年金払特約を付加すると、
・年金受取期間…10年
・年金受取額（年）…334万円
・総年金受取額…3,345万円
となります。

　退職までの事業年度は年金で受け取り、退職時には解約するか、または退職金原資の一部として保険契約者を法人から退職者に変更します。このときに解約返戻金と同額の退職金の支払いがあったことになります。

（万円）

	1年	2年	3年	4年	5年	6年	7年	8年	9年	10年	合計
年金受取額	334	334	334	334	334	334	334	334	334	334	3,345
保険積立金取崩額	133	133	133	133	133	133	133	133	133	133	1,330
雑収入	201	201	201	201	201	201	201	201	201	201	2,014
雑収入にかかる税額	60	60	60	60	60	60	60	60	60	60	603
年金受取後に解約する場合											
解約返戻金	2,743	2,468	2,185	1,895	1,598	1,293	981	661	334	0	
解約による雑収入	1,545	1,403	1,254	1,097	933	761	585	395	201	0	

※雑収入にかかる税額は上記の法人税率の税率によっています。

　年金払特約を付加せずに満期保険金を受け取った場合は、
・満期保険金…3,000万円　　　・雑収入…1,670万円
・保険積立金の取崩額…1,330万円　　・雑収入にかかる税額…500万円
になりますので、翌期以降に訪れる退職金支払いの資金にすることができる手取額は、
　　3,000万円 − 500万円 = 2,500万円
となります。

　一方、満期後3年後に退職金3,000万円を支払うケースで年金払特約を付加し、3年後に解約する場合、解約時の雑収入は、退職金と相殺されます。その結果、手取額は3,006万円になり、年金払特約を付加しない場合より506万円手取額が増えます。

	満期保険金	税金	手取額	不足額
満期受取の場合	3,000万円	500万円	2,500万円	500万円

	解約返戻金	年金受取額	税金	手取額
年金受取3年後解約の場合	2,185万円	1,002万円	181万円	3,006万円

II. 法人編

35 病気になったときの保障を一生涯確保したい

1．医療保険の概要

現行の法人契約の医療保険の税制は、保険期間が終身で終身払いの契約は保険料が掛捨てであるため、支払保険料の全額を損金に計上することができます。

ただし、保険料の支払いが終身であるため、退職により保険契約を個人に変更した場合には、退職後の保険料は個人が負担する必要があります。また、個人に契約を変更した場合において解約返戻金が生じるときには、その解約返戻金相当が給与または退職金として課税されます。

そこで、保険期間が終身、有期払込の医療保険で契約の失効・解約の場合に解約返戻金がない、または、解約返戻金が少額である保険契約を活用して、支払保険料の全額を法人の損金に算入しつつ、保険料払込期間終了後に退職しその保険契約を個人に変更することにより、個人で追加の保険料を負担することなく一生涯の医療保障を確保することができます。

いつ病気になり、医療費がかかるかは本人でも分かりませんし、高齢になるほど入院・通院をする確率は上がってきますので、老後の安心と豊かな生活を確保するという意味でも、魅力的な活用方法のひとつです。

2．保険金受取人が役員または使用人の場合

役員または部課長その他特定の使用人のみを被保険者としているような場合には、法人が支払う保険料については、その役員または使用人の給与となります。したがって、福利厚生費として給与扱いされないようにするには普遍的加入条件を満たす必要があります。

普遍的加入条件とは、原則として、役員・従業員の全員が加入することをいいます。

ただし、保険加入、保険金額等に格差が設けられている場合であっても、それが職務や年齢、勤続年数等に応ずる合理的な基準によって設けられた格差であると認められた場合は給与扱いとはなりません。

1. 法人オーナー・役員のニーズと保険提案
(3) 医療保障

退職時に契約者・保険金受取人を変更し保障を一生涯確保

ご提案のポイント

・保険料の払込期間が有期払込で、保険期間が終身の下記の医療保険に加入します。

＜前提条件＞

契約年齢…45歳、男性
契約者…法人
被保険者…法人の役員、従業員
保険金受取人…法人
払込期間…50歳まで（5年）
保険料…905,720円（年払い）
保険期間…終身（解約返戻金なし）
入院一時金…5万円
入院給付金…日額1万円（特定疾病の場合2万円）
手術の種類に応じた一時金…5万円、10万円、20万円

（万円）

経過年数	年齢	保険料累計	損金算入累計額	解約返戻金
1	46	90	90	0
5	50	452	452	0
10	55	452	452	0
15	60	452	452	0
20	65	452	452	0
30	75	452	452	0
50	95	452	452	0

　解約返戻金がないため、保険料は払込の都度、全額損金算入となります。
　また、退職時に契約者と保険金受取人を法人から個人に変更すれば、個人は負担なく、一生涯の医療に対する保障を手にすることができます。
　ただし、保険金の支払い事由が入院給付金が主であるため、他の保険契約（定期保険や終身保険等）と一緒に契約することをお勧めします。

Ⅱ．法人編

36 がんに対する保障を確保したい

1．全額損金算入できるがん保険の概要

終身払込や有期払込のがん保険の保険料は、「32病気になったときの保障を確保し、生前退職金にも活用できる生命保険」でも紹介したように、保険期間の前半は解約返戻金が生じるため、前払期間については支払保険料の2分の1を資産に計上し、残りの2分の1を損金の額に算入します。

ただし、保険契約解約等で返戻金がないものや有期払込で保険料払込終了後の解約等でごく少額の払戻金であるものについては、例外的に払込の都度、保険料全額を損金に算入することができます。

解約返戻金がないもの、または、ごく少額で有期払込のがん保険に加入して、支払保険料を法人の損金に算入しながら一生涯のがんのリスクに対する保障を得ることができます。

また、解約返戻金がゼロもしくはごく少額であるため、退職時に名義変更することで、個人で保険料の負担がなく、またはわずかな負担でがんの保障を得ることができます。

2．税務上の取扱い

保険契約の解約等において払戻金のないもの（保険料払込期間が有期払込であり、保険料払込期間が終了した後の解約等においてごく少額の払戻金がある契約を含む）である場合には、保険料の払込の都度当該保険料を損金の額に算入することができます（2012年4月27日付　法人が支払う「がん保険」（終身保障タイプ）の保険料の取扱いについて（国税庁・法令解釈通達））。

3．保険受取人が役員または使用人の場合

役員または部課長その他特定の使用人のみを被保険者としているような場合には、法人が支払う保険料については、その役員または使用人の給与となります。したがって、福利厚生費として給与扱いされないようにするには普遍的加入条件を満たす必要があります。

1. 法人オーナー・役員のニーズと保険提案
(3) 医療保障

全額損金算入ができるがん保険で、がんに対するリスクを保障する

ご提案のポイント

・保険料の払込期間が有期払込で、保険期間が終身の下記のがん保険に加入します。

＜前提条件＞

契約年齢…45歳、男性
契約者…法人
被保険者…法人の役員、従業員
保険金受取人…法人
払込期間…60歳まで（15年）
保険料…390,133円（年払い）
保険期間…終身
解約返戻金…払込期間中なし、払込期間経過後30万円
がん診断給付金…300万円
がん入院給付金…3万円（無制限）
がん外来治療給付金…3万円（120日限度）
がん先進医療給付金…1,000万円まで（通算）

(万円)

経過年数	年齢	保険料累計	損金算入累計額	解約返戻金
1	46	39	39	0
5	50	195	195	0
10	55	390	390	0
15	60	585	585	0
20	65	585	585	30
30	75	585	585	30
50	95	585	585	30

　解約返戻金がごく少額であるため、保険料は払込の都度、全額損金算入となります。
　また、退職時に契約者と保険金受取人を個人に変更すれば、個人は少額の負担で、一生涯がんに対する保障を手にすることができます。

Ⅱ．法人編

37 がん保険に代わる、全額損金算入ができる保険がほしい

1．生活障害保障型定期保険の概要

生活障害保障型定期保険は、定期保険の一種で、いわゆる掛捨ての保険です。したがって、一定の要件を満たすものについては、その支払保険料の全額が損金になります。しかし、長期間にわたる保険料が平準化されていることから、保険契約を解約する場合には払込期間に応じ解約返戻金が契約者に支払われます。解約返戻金が支払われるため、①高度障害・要介護状態になったときに会社は一時的な運転資金を確保でき、②将来の退職金の準備ができます。

2．税務上の取扱い

生活障害保障型定期保険の税務上の取扱いは、個別の税務取扱いは存在しないため、定期保険の取扱いを準用して処理することになります。

したがって、この生活障害保障型定期保険について、長期平準定期保険に該当しないときは、支払保険料の全額を損金算入することが可能です。

長期平準定期保険とは、定期保険のうち次のいずれにも該当するものをいいます。

① 保険契約満了時の年齢 ＞ 70歳
② 被保険者の加入年齢 ＋ （保険期間×2） ＞ 105

3．注意点

本来、定期保険は解約返戻金が予定されているものではないため、満期になると解約返戻金がなくなります。退職金の準備で加入した場合には、解約時期を退職金の支給対象者の退職時期に合わせて契約をする必要があります。そうしないと退職金の支払いに充てることができなくなります。

ですから、保険加入の際は会社の加入目的を明確にしておく必要があります。

1. 法人オーナー・役員のニーズと保険提案
(3) 医療保障

全額損金扱いが可能な生活障害保障型定期保険の活用

ご提案のポイント

・経営者の死亡や高度障害となった場合の保障をし、退職金の準備も兼ねて行います。

＜前提条件＞

契約者…法人　　　　　　　死亡保険金受取人…法人
被保険者…役員・従業員　　保険金額…1億円

加入年齢45歳・男性75歳満期　年間保険料1,199,900円　　(万円)

	加入時	5年	10年	15年	20年	25年	30年
累計保険料	120	600	1,200	1,800	2,400	3,000	3,600
解約返戻金	39	432	904	1,196	1,328	1,060	0
返戻率	32.5%	72.0%	75.3%	66.4%	55.3%	35.3%	0.0%

加入年齢50歳・男性77歳満期　年間保険料1,584,000円　　(万円)

	加入時	5年	10年	15年	20年	25年	30年
累計保険料	158	792	1,584	2,376	3,168	3,960	4,277
解約返戻金	64	554	1,133	1,456	1,418	675	0
返戻率	40.4%	69.9%	71.5%	61.3%	44.8%	17.0%	0.0%

加入年齢55歳・男性80歳満期　年間保険料2,240,700円　　(万円)

	加入時	5年	10年	15年	20年	25年
累計保険料	224	1,121	2,241	3,362	4,482	5,602
解約返戻金	110	780	1,548	1,877	1,631	0
返戻率	48.8%	69.6%	69.1%	55.8%	36.4%	0.0%

＜支払時の経理処理＞

(借方)	(貸方)
支払保険料　×××	現預金　×××

＜解約時の経理処理＞

(借方)	(貸方)
現預金　×××	雑収入　×××

＜効果＞

　解約返戻金部分の含み資産が一時的に生じますが、満期に近くなるにつれて解約返戻金がなくなるため、退職者の実際の退職時期に合わせて、解約を検討するのがよいでしょう。

Ⅱ. 法人編

38 経営者の身体障害等によるリスクを保障したい

1. リスク分析

社長に万一があったときには、会社の継続が困難となることが予想されます。その場合、会社を存続していくためには借入金等の債務の返済、運転資金の準備等の必要があります。

今までの生命保険の多くは、どちらかというと死亡保障に対するものでした。しかし、近年、死亡リスクだけでなく身体障害によるリスク等の保障も必要となってきています。

従来の死亡保障に対する生命保険では、重度の身体障害等になった場合には、一部の生命保険を除いて、十分な保障が得られないことがありました。

これからは、社長が重度の身体障害や10大疾病になった場合の必要保障額を算定し、長期間に亘り経営に従事できず、離脱した場合の保障としての生命保険を備えておく必要があります。

2. 保険加入のポイント

社長に万一があったときに、どの程度の債務返済と運転資金が必要となるかをあらかじめ検討する必要があります。

3. 必要保障額

必要保障額は、「㊺社長に万一があったとき、会社の借入金に対する保障がほしい（1）」にあるように、次のようになります。

必要保障額＝債務返済必要額＋一定期間の運転資金＋法人税等

4. 加入する保険のポイント

社長が万一、重度の身体障害状態や10大疾病になった場合等の準備であるため、社長退任時までの定期保険が適しているといえます。

5. 保険料の税務上の取扱い

定期保険の保険料の税務上の取扱いは、逓増定期保険に該当する場合を除き、一般の定期保険と長期平準定期保険とに区別されます。

一般の定期保険の保険料は、契約形態により、全額を損金にすることができます。

長期平準定期保険の保険料は、一定の条件のもと加入時より保険期間の6割の期間を経過するまでは、2分の1を損金にし、残りの2分の1の保険料は保険積立金として資産計上になります（「㉕役員の死亡保障をカバーし、節税したい」参照）。

1. 法人オーナー・役員のニーズと保険提案
(3) 医療保障

必要保障額の算定およびリスクヘッジの提案

ご提案のポイント
・社長に万一があったときの必要保障額を算定し、リスクヘッジをします。

1．必要保障額の算定

5年間の必要保障額を下記のとおりと仮定します。

① 債務返済額　　1,000万円
② 運転資金　　　3,000万円
③ 法人税等　　　1,000万円

上記、必要保障額を算定後に下記保険に加入します。

契約年齢50歳、男性
・契約者…法人
・被保険者…法人の役員、従業員
・保険金受取人…法人
・払込期間…100歳まで（50年）
・保険料…1,239,150円（年払い）
・保険期間…100歳

・保険金…5,000万円
・死亡保険金…解約返戻金
※保険金は、被保険者が、傷害または疾病によって保険期間中に身体障害者福祉法に定める1～3級の身体障がい状態に該当し、身体障害者手帳の交付を受けた場合に支払われます。

これにより、社長が長期間経営に従事することができなくなった場合の借入返済、会社の運転資金等のリスクに備えることができます。

また、解約返戻金相当の死亡保険金も担保にしているため、死亡保障のリスクにも備えることもできます。

図表　解約返戻金

年齢（歳）	経過年数	（1）保険料累計	（2）資産計上額 (1)×1／2	（3）解約返戻金	（4）返戻率
51	1	124万円	61万円	72万円	58.1%
52	2	248万円	124万円	174万円	70.2%
53	3	372万円	185万円	275万円	73.9%
54	4	496万円	247万円	377万円	76.0%
55	5	620万円	309万円	479万円	77.2%
60	10	1,240万円	619万円	987万円	79.6%
65	15	1,859万円	929万円	1,493万円	80.3%
70	20	2,479万円	1,239万円	2,012万円	81.2%
80	30	3,718万円	1,858万円	2,917万円	78.5%
90	40	4,957万円	930万円	3,513万円	70.9%
99	49	6,072万円	94万円	1,444万円	23.8%
100	50	6,196万円	0万円	0万円	0%

Ⅱ. 法人編

39 従業員の福利厚生になり、生前退職金にも活用できる生命保険（1）

1. 養老保険を利用した福利厚生制度

従業員の死亡等の場合の保障、また、従業員の生前退職金準備の両方に活用できる保険として養老保険があります。

この制度の骨子は、以下のとおりです。
① 従業員の死亡の場合に死亡保険金が従業員の遺族に支給され、従業員に対する福利厚生制度となる。
② 従業員の生前退職金原資の準備ができる。
③ 2分の1の保険料が損金となり、結果、含み資産が生じ財務体質が強化される。

2. 養老保険の法人税の取扱い

養老保険の保険料は貯蓄性が高いため、法人税の取扱いでは、原則として全額資産計上となり損金にはなりませんが、下記の契約形態で加入した場合には、福利厚生制度として保険料の2分の1が損金、残りの2分の1が資産計上となります。

・契約者…法人
・被保険者…役員および従業員
・死亡保険金受取人…役員および従業員の遺族
・満期保険金受取人…法人

3. 注意点

（1）普遍的加入条件を満たすこと

保険料が2分の1となる取扱いは、養老保険により会社で福利厚生制度を導入することが前提となっています。そのため、全従業員がこの福利厚生制度の恩恵に浴する機会が与えられる普遍的加入条件を満たすことが条件となります。主任、部課長、役員または特定の従業員のみの加入の場合には、普遍的加入条件を満たしていないとされ、保険料の2分の1が損金とされず加入者に対する給与とされます。

（2）加入者の大部分が同族関係者の場合は認められない

役員、従業員の全部または大部分が同族関係者である場合には、たとえその会社の全員を加入させても、同族関係者については、保険料の2分の1が損金にならず、給与とされます。人数が大部分の場合だけでなく、同族関係者とそうでない者との保険金、保険料の割合も考慮して判断する必要があります。

（3）保険金額の設定

この制度は、従業員の福利厚生制度として導入するものであるため、保険金額の設定も会社の福利厚生制度に沿った基準で設定しなければなりません。安易に高額な保険金額を設定したり、従業員間で恣意的な保険金の格差を設けることは、税務上の否認の原因となります。

2．従業員を対象にした保険のニーズと提案

内部留保を確保し福利厚生資金に活用

ご提案のポイント

・養老保険の保険料の2分の1が損金となります。
・含み資産により退職金原資を確保します。
・社員の保障をカバーできます。
・満期、死亡のいずれでも保険金が支払われます。

図表1　被保険者リスト

被保険者	性別	年齢	保険期間	保険金（万円）	保険料（月）（円）
社長	男	50	10年	1,000	87,470
専務	男	45	10年	1,000	86,500
課長	男	44	10年	1,000	86,370
社員1	男	40	10年	500	43,065
社員2	男	38	10年	500	42,980
社員3	男	35	10年	500	42,880
社員4	男	32	10年	500	42,815
合計				5,000	432,080

＜前提条件＞
・契約者…法人
・被保険者…入社後3年以上の社員、役員合計7名（上表参照）
・死亡保険金受取人…社員および役員の遺族
・満期保険金受取人…法人
・保険料…月額432,080円（口座月払い）
・保険期間…10年

1．経理および税務

① 保険料の2分の1は積立金、2分の1は福利厚生費となります。

保険積立金　216,040円 福利厚生費　216,040円	現預金　432,080円

② 社員退職時に解約する場合
・退職金支払（社員2が5年後に退社した場合）

退職金　300万円	現預金　300万円

・解約金受取

現預金　2,336,500円	保険積立金　1,289,400円 雑収入　1,047,100円

2．効果

5年後には1,035万円、10年後には2,407万円の含み資産が生じます。

図表2　加入効果　　　　　　　　　　　　　　　　　　　　　　　（円）

年	(1)保険料累計	(2)資産計上額 ((1)×1/2)	(3)解約返戻金	(4)返戻率 ((3)/(1))	(5)含み資産 ((3)-(2))
1	5,184,960	2,592,480	3,578,000	69.0%	985,520
5	25,924,800	12,962,400	23,314,500	89.9%	10,352,100
10	51,849,600	25,924,800	50,000,000	96.4%	24,075,200

Ⅱ．法人編

 従業員の福利厚生になり、生前退職金にも活用できる生命保険（2）

養老保険を利用した従業員の福利厚生制度についてはすでにご説明したとおりです（「㊴従業員の福利厚生になり、生前退職金にも活用できる生命保険（1）」）。

養老保険は満期があるので、加入者を一律の保険期間にすると、従業員の予定退職時期と保険期間が一致しません。

そのため、退職時期が満期より前の場合は保険の早期解約になり、逆の場合は、退職前に保険が満期になったりする不都合が生じます。それを避けるには、一人ずつの従業員の退職年齢に合わせた保険期間で加入をする「歳満期」加入の方法があります。

1．保険期間を各従業員の予定退職時期に合わせる

保険期間を各従業員の予定退職時期に合わせて保険加入します。

例えば、退職規程で退職年齢を55歳と定めている場合には、55歳満期の養老保険に各従業員を被保険者として加入します。

2．保険期間の調整

現在発売されている養老保険は、保険期間が通常は5年以上のものがほとんどです。

また、保険会社によっては10年以上の保険期間の養老保険しか発売していない会社もあります。そのため、例えば加入時に52歳の従業員は3年満期の養老保険に加入すれば退職時の55歳に期間を合わせることができるのですが、3年満期の養老保険が発売されていないため加入ができなくなってしまいます。また、加入時に20歳の従業員は、35年満期の養老保険に加入すれば、退職時の55歳に期間を合わせることができますが、期間が長期になってしまうため、従業員の途中退社の可能性も増え、結果、貯蓄性預金と比較しての養老保険の運用が悪くなってしまいます。

これらに対応するために歳満期の養老保険に加入する場合には、加入規程を工夫して保険期間を調整する必要があります。

3．歳満期保険加入の例

保険期間は5年以上、15年以下とします。

退職までの期間が15年以上の者は保険期間を一律10年とし、10年後にそのときの退職までの年数により保険期間を定めます。

退職までの期間が3年未満の者は養老保険に加入せず、別の保険により死亡保障を確保します。

2．従業員を対象にした保険のニーズと提案

養老保険で福利厚生制度

ご提案のポイント

・養老保険の保険料2分の1が損金となります。
・歳満期加入により合理的な福利厚生制度がつくれます。
・社員の保障をカバーすると同時に含み資産により退職金原資が確保できます。
・満期、死亡のいずれでも保険金が支払われます。

図表　養老保険歳満期

被保険者明細

被保険者	性別	年齢	保険期間	保険金(万円)	保険料(月)(円)	保険料(年額)(円)
B	男	52	5年	500	82,975	995,700
C	男	50	5年	500	82,755	993,060
D	男	47	8年	500	50,565	606,780
E	男	46	9年	500	44,590	535,080
F	男	40	15年	500	25,455	305,460
G	男	38	10年	500	39,455	473,460
H	男	28	10年	500	39,245	470,940
合計				3,500	365,040	4,380,480

加入効果合計（円）

年	(1)保険料累計	(2)資産計上額 (1)×1/2	(3)解約返戻金	(4)返戻率 (3)/(1)	(5)含み資産 (3)-(2)
1	4,380,480	2,190,240	4,045,200	92%	1,854,960
2	8,760,960	4,380,480	8,306,100	94%	3,925,620
3	13,141,440	6,570,720	12,675,250	96%	6,104,530
4	17,521,920	8,760,960	17,159,450	97%	8,398,490
5	21,902,400	10,951,200	21,764,200	99%	10,813,000
6	14,350,320	7,175,160	14,312,550	99%	7,137,390
7	16,742,040	8,371,020	16,926,350	101%	8,555,330
8	19,133,760	9,566,880	19,609,750	102%	10,042,870
9	16,064,460	8,032,230	16,656,950	103%	8,624,720
10	12,498,600	6,249,300	13,122,650	104%	6,873,350
11	3,360,060	1,680,030	3,478,400	103%	1,798,370
12	3,665,520	1,832,760	3,843,550	104%	2,010,790
13	3,970,980	1,985,490	4,218,350	106%	2,232,860
14	4,276,440	2,138,220	4,603,700	107%	2,465,480
15	4,581,900	2,290,950	5,000,000	109%	2,709,050

II. 法人編

各人別加入効果

B　保険期間　5年（円）

年	(1)保険料累計	(2)資産計上額 (1)×1/2	(3)解約返戻金	(4)返戻率 (3)/(1)	(5)含み資産 (3)-(2)
1	995,700	497,850	934,700	93.9%	436,850
2	1,991,400	995,700	1,908,950	95.9%	913,250
3	2,987,100	1,493,550	2,909,700	97.4%	1,416,150
4	3,982,800	1,991,400	3,939,400	98.9%	1,948,000
5	4,978,500	2,489,250	5,000,000	100.4%	2,510,750

C　保険期間　5年（円）

年	(1)保険料累計	(2)資産計上額 (1)×1/2	(3)解約返戻金	(4)返戻率 (3)/(1)	(5)含み資産 (3)-(2)
1	993,060	496,530	935,150	94.2%	438,620
2	1,986,120	993,060	1,911,300	96.2%	918,240
3	2,979,180	1,489,590	2,912,450	97.8%	1,422,860
4	3,972,240	1,986,120	3,941,500	99.2%	1,955,380
5	4,965,300	2,482,650	5,000,000	100.7%	2,517,350

D　保険期間　8年（円）

年	(1)保険料累計	(2)資産計上額 (1)×1/2	(3)解約返戻金	(4)返戻率 (3)/(1)	(5)含み資産 (3)-(2)
1	606,780	303,390	556,800	91.8%	253,410
2	1,213,560	606,780	1,143,600	94.2%	536,820
3	1,820,340	910,170	1,745,100	95.9%	834,930
4	2,427,120	1,213,560	2,362,000	97.3%	1,148,440
5	3,033,900	1,516,950	2,995,050	98.7%	1,478,100
6	3,640,680	1,820,340	3,644,950	100.1%	1,824,610
7	4,247,460	2,123,730	4,312,900	101.5%	2,189,170
8	4,854,240	2,427,120	5,000,000	103.0%	2,572,880

E　保険期間　9年（円）

年	(1)保険料累計	(2)資産計上額 (1)×1/2	(3)解約返戻金	(4)返戻率 (3)/(1)	(5)含み資産 (3)-(2)
1	535,080	267,540	486,650	90.9%	219,110
2	1,070,160	535,080	1,001,950	93.6%	466,870
3	1,605,240	802,620	1,529,950	95.3%	727,330
4	2,140,320	1,070,160	2,071,200	96.8%	1,001,040
5	2,675,400	1,337,700	2,662,350	99.5%	1,324,650
6	3,210,480	1,605,240	3,195,950	99.5%	1,590,710
7	3,745,560	1,872,780	3,780,700	100.9%	1,907,920
8	4,280,640	2,140,320	4,381,800	102.4%	2,241,480
9	4,815,720	2,407,860	5,000,000	103.8%	2,592,140

2．従業員を対象にした保険のニーズと提案

F　保険期間　15年（円）

年	(1)保険料累計	(2)資産計上額 (1)×1/2	(3)解約返戻金	(4)返戻率 (3)/(1)	(5)含み資産 (3)-(2)
1	305,460	152,730	265,800	87.0%	113,070
2	610,920	305,460	554,850	90.8%	249,390
3	916,380	458,190	850,300	92.8%	392,110
4	1,221,840	610,920	1,152,500	94.3%	541,580
5	1,527,300	763,650	1,461,650	95.7%	698,000
6	1,832,760	916,380	1,778,150	97.0%	861,770
7	2,138,220	1,069,110	2,102,150	98.3%	1,033,040
8	2,443,680	1,221,840	2,433,950	99.6%	1,212,110
9	2,749,140	1,374,570	2,774,050	100.9%	1,399,480
10	3,054,600	1,527,300	3,122,650	102.2%	1,595,350
11	3,360,060	1,680,030	3,478,400	103.5%	1,798,370
12	3,665,520	1,832,760	3,843,550	104.9%	2,010,790
13	3,970,980	1,985,490	4,218,950	106.2%	2,233,460
14	4,276,440	2,138,220	4,603,750	107.7%	2,465,530
15	4,581,900	2,290,950	5,000,000	109.1%	2,709,050

G　保険期間　10年（円）

年	(1)保険料累計	(2)資産計上額 (1)×1/2	(3)解約返戻金	(4)返戻率 (3)/(1)	(5)含み資産 (3)-(2)
1	473,460	236,730	432,450	91.3%	195,720
2	946,920	473,460	892,400	94.2%	418,940
3	1,420,380	710,190	1,363,250	96.0%	653,060
4	1,893,840	946,920	1,845,400	97.4%	898,480
5	2,367,300	1,183,650	2,339,250	98.8%	1,155,600
6	2,840,760	1,420,380	2,845,100	100.2%	1,424,720
7	3,314,220	1,657,110	3,363,500	101.5%	1,706,390
8	3,787,680	1,893,840	3,895,150	102.8%	2,001,310
9	4,261,140	2,130,570	4,440,400	104.2%	2,309,830
10	4,734,600	2,367,300	5,000,000	105.6%	2,632,700

H　保険期間　10年（円）

年	(1)保険料累計	(2)資産計上額 (1)×1/2	(3)解約返戻金	(4)返戻率 (3)/(1)	(5)含み資産 (3)-(2)
1	470,940	235,470	432,650	91.9%	197,180
2	941,880	470,940	893,050	94.8%	422,110
3	1,412,820	706,410	1,364,500	96.6%	658,090
4	1,883,760	941,880	1,847,450	98.1%	905,570
5	2,354,700	1,177,350	2,341,900	99.5%	1,164,550
6	2,825,640	1,412,820	2,848,400	100.8%	1,435,580
7	3,296,580	1,648,290	3,367,050	102.1%	1,718,760
8	3,767,520	1,883,760	3,898,250	103.5%	2,014,490
9	4,238,460	2,119,230	4,442,500	104.8%	2,323,270
10	4,709,400	2,354,700	5,000,000	106.2%	2,645,300

Ⅱ．法人編

従業員の福利厚生になり、生前退職金にも活用できる生命保険（3）

1. 養老保険の特徴

養老保険は、満期保険金と死亡保険金が同額で貯蓄性が高いのが特徴です。保険料は、死亡保険金に充てられる危険保険料部分と、満期保険金に充てられる生存保険料、そして保険会社の営業経費に充てられる付加保険料に分けられますが、養老保険の保険料は、このうち生存保険料部分の割合が高く、その結果、貯蓄性が高くなります。

かつてのように保険会社の予定利率が高いときは、銀行預金よりも運用の良い時期もありましたが、現在は、予定利率は下がったものの、死亡保障も兼ねており、また養老保険の持つ節税機能などもうまく利用すれば、依然として有利な活用が可能です。

2. 運用に有利な払込み方法（一時払い）

保険料の払い方には、ポピュラーな月払いの他に半年払い、年払いなどがありますが、最も保険料が安くて、運用上も有利な払い方は一時払いとなります。

図表1でもわかるように、月払いでは一時払いに比べ1割近く保険料が高くなります。

この原因は一時払いの場合、10年間の保険料の運用益を割引いて保険料が計算されているからです。

3. 一時払い養老保険を利用した福利厚生プラン

保険は早期に解約すると解約差損が生じる場合がほとんどです。

従業員を被保険者にした保険契約の場合に、従業員が早期に退職したときは、その保険契約は解約となり、解約差損が生じてしまいます。しかし、一時払養老保険では図表2のように、契約後1年で解約してもほとんど差損が生じません。したがって、一時払い保険料の資金負担はありますが、従業員の早期退職による差損リスクが回避でき、運用メリットの享受もあるといえるでしょう。

図表1　契約例：45歳男性、満期保険金1,000万円の10年養老保険

払込方法	保険料	合計保険料	比率（月払いを100％とする）
月払い	86,500円	10,380,000円	100％
半年払い	513,720円	10,274,400円	99.0％
年払い	1,009,830円	10,098,300円	97.3％
一時払い	9,418,100円	9,418,100円	90.7％

図表2　契約例は図表1と同じ

年	返戻金（万円）	返戻率
1	924	98％
2	932	99％
3	940	99％
5	957	101％
7	973	103％
9	991	105％
10	1,000	106％

2. 従業員を対象にした保険のニーズと提案

一時払養老保険による福利厚生プラン

ご提案のポイント

・養老保険の節税機能を利用することで、有利な資産運用ができます。

1. プランの概要

従業員、役員の死亡退職、福利厚生のため下記の契約形態による養老保険に加入します。

- 契約者…法人
- 被保険者…役員および従業員（原則全員加入）
- 死亡保険金受取人…被保険者の遺族
- 満期保険金受取人…法人
- 保険期間…10年
- 保険料の支払方法…一時払い

従業員の死亡の場合は、死亡保険金が遺族に保険会社より支払われます。また、保険期間満了の場合には、満期保険金が会社に支払われます。

2. 契約明細

被保険者ごとの契約の明細は、次のとおりです。

	性別	年齢	保険金	保険料
社長	男	50歳	1,000万円	9,241,900円
専務	男	45歳	1,000万円	9,233,400円
社員	男	40歳	800万円	7,382,240円
社員	女	35歳	500万円	4,611,200円
社員	男	29歳	500万円	4,611,350円
合計			3,800万円	35,080,090円

3. 経理処理

加入者の条件、その他の税法上の条件を満たしている場合には、保険料の2分の1が福利厚生費として損金に、そして残額の2分の1は保険積立金として資産計上となります。

毎期損金に計上する金額は、一時払い保険料のうち保険期間の経過に応じた部分の金額となります。決算期が3月で、保険加入月が期首月の4月の場合には、第1期目に損金計上する金額は、以下のとおりです。

① 1期目

35,080,090 ÷ 120月 × 12月（当期に対応する月数）× 1／2 ＝ 1,754,004円

② 2期目以降

上記と同様になります。

Ⅱ. 法人編

経理処理は、払込保険料を全額保険積立金として資産計上し、その期に対応する金額を取崩して損金に算入することになります。

③ 保険料支払時

(借方)	(貸方)
保険積立金　35,080,090 円	現金預金　35,080,090 円

④ 決算時

(借方)	(貸方)
福利厚生費　1,754,004 円	保険積立金　1,754,004 円

4. 解約返戻金

被保険者ごとの解約返戻金およびその合計は、次のとおりです。

加入者別解約返戻金
養老保険　一時払い　10年　有配

NO.1　社長

性別	年齢	保険金	保険料
男性	50歳	1,000万円	9,241,900円
年	返戻金	返戻率	
1	875万円	94%	
2	892万円	96%	
3	910万円	98%	
4	927万円	100%	
5	946万円	102%	
6	964万円	104%	
7	984万円	106%	
8	1,003万円	108%	
9	1,023万円	110%	
10	1,049万円	113%	

NO.2　専務

性別	年齢	保険金	保険料
男性	45歳	1,000万円	9,233,400円
年	返戻金	返戻率	
1	874万円	94%	
2	891万円	96%	
3	909万円	98%	
4	927万円	100%	
5	945万円	102%	
6	964万円	104%	
7	983万円	106%	
8	1,003万円	108%	
9	1,023万円	110%	
10	1,049万円	113%	

NO.3　社員

性別	年齢	保険金	保険料
男性	40歳	800万円	7,382,240円
年	返戻金	返戻率	
1	698万円	94%	
2	712万円	96%	
3	726万円	98%	
4	741万円	100%	
5	756万円	102%	
6	771万円	104%	
7	786万円	106%	
8	802万円	108%	
9	818万円	110%	
10	839万円	113%	

NO.4　社員

性別	年齢	保険金	保険料
女性	35歳	500万円	4,611,200円
年	返戻金	返戻率	
1	436万円	94%	
2	445万円	96%	
3	454万円	98%	
4	463万円	100%	
5	472万円	102%	
6	482万円	104%	
7	491万円	106%	
8	501万円	108%	
9	511万円	110%	
10	524万円	113%	

２．従業員を対象にした保険のニーズと提案

NO. 5　社員

性別	年齢	保険金	保険料
男性	29歳	500万円	4,611,350円

年	返戻金	返戻率
1	436万円	94%
2	445万円	96%
3	454万円	98%
4	463万円	100%
5	472万円	102%
6	482万円	104%
7	491万円	106%
8	501万円	108%
9	511万円	110%
10	524万円	113%

契約合計表

NO.	被保険者	保険料
1	男性50歳	9,241,900円
2	男性45歳	9,233,400円
3	男性40歳	7,382,240円
4	女性35歳	4,611,200円
5	男性29歳	4,611,350円
	計	35,080,090円

返戻金合計

(万円)

年	No.1	No.2	No.3	No.4	No.5	合計	返戻率
1	875	874	698	436	436	3,321	94.6%
2	892	891	712	445	445	3,386	96.5%
3	910	909	726	454	454	3,454	98.4%
4	927	927	741	463	463	3,523	100.4%
5	946	945	756	472	472	3,593	102.4%
6	964	964	771	482	482	3,665	104.4%
7	984	983	786	491	491	3,738	106.5%
8	1,003	1,003	802	501	501	3,813	108.6%
9	1,023	1,023	818	511	511	3,889	110.8%
10	1,049	1,049	839	524	524	3,987	113.6%

損金算入額（年）

(万円)

年	損金算入額	累計損金算入額	資産計上額
1	175.4	175.4	3,332
2	175.4	350.8	3,157
3	175.4	526.2	2,981
4	175.4	701.6	2,806
5	175.4	877.0	2,631
6	175.4	1,052.4	2,455
7	175.4	1,227.8	2,280
8	175.4	1,403.2	2,104
9	175.4	1,578.6	1,929
10	175.4	1,754.0	1,754

Ⅱ. 法人編

42 全額損金扱いとなる養老保険

1．逆ハーフタックスプランで全額損金算入

養老保険は、貯蓄性が高いため、法人税では原則として全額資産計上となり損金に算入することができません。ただし、次の形態で加入した場合には、保険料の2分の1が損金となり、残り2分の1が資産計上となります。

・契約者…法人
・被保険者…役員および従業員
・死亡保険金受取人…役員および従業員の遺族
・満期保険金受取人…法人

一方、法人税法基本通達では定められていない下記の契約形態で加入した養老保険について、2012年1月13日の最高裁判所において判決がありました。これは「逆ハーフタックスプラン」と呼ばれていますが、もともと養老保険に存在しなかった契約形態について、一部の保険会社が取扱いをしたことにより派生した保険商品です。

・契約者…法人
・被保険者…役員および従業員
・死亡保険金受取人…法人
・満期保険金受取人…役員および従業員

養老保険の法人税の取扱いについては、法人税法基本通達9-3-4（以下「法基通9-3-4」という）で定められていますが、この契約形態は法人税法基本通達では定められていません。ただし、法基通9-3-4を準用して、保険料の2分の1が損金となり、残り2分の1が給与として処理できるといわれています。この方法で処理をすると支払保険料の全額が損金算入となります。

2．注意点

現在、保険会社は各社とも販売を停止しています。

①2012年1月の最高裁判所で争われたのは、法人の損金となった保険料が、満期保険金受取人である個人の所得税の計算上控除できるかどうかであり、法人で支払った保険料の全額が損金になるということで争われたわけではなく、公に認められたものでもないので、契約を行う場合には、損金に算入されないリスクを十分に注意する必要があります。

②養老保険の支払保険料は、上記でも記載したように原則として資産計上となりますが、法基通9-3-4で死亡保険金受取人と満期保険金受取人を限定列挙してその取扱いが定められています。これを法基通9-3-4に定められていない死亡保険金受取人と満期保険金受取人で契約した場合、法基通9-3-4を拡大解釈して処理するには注意が必要となります。

③被保険者が死亡した場合には法人に保険金が入りますが、満期を迎えた場合には保険金が法人には入ってこないため、保険期間を十分に考慮して契約する必要があります。

2. 従業員を対象にした保険のニーズと提案

保険料の2分の1が損金、2分の1が給与扱いとなるプラン

ご提案のポイント

・死亡保険金受取人＝法人、満期保険金受取人＝役員および従業員とすることにより、養老保険の支払保険料の2分の1が損金、2分の1が給与となり、全額が損金算入となります。

＜プランの概要＞

従業員と役員の退職金のため、下記の契約形態で養老保険に加入します。

- 契約者…法人
- 被保険者…役員および従業員
- 死亡保険金受取人…法人
- 満期保険金受取人…役員および従業員
- 保険料…月額
- 保険期間…10年

＜契約明細＞

被保険者ごとの契約明細は次のとおりです。

被保険者	性別	年齢	保険期間	保険金	保険料（月）
社長	男	60	10年	1,000万円	89,630円
専務	男	55	10年	1,000万円	87,700円
社員1	男	42	10年	300万円	25,653円
社員2	男	34	10年	300万円	25,485円
社員3	男	33	10年	300万円	25,476円
合計				2,900万円	253,944円

＜経理処理＞

養老保険を全従業員が普遍的に加入する等の条件を満たす場合には、保険料の2分の1は支払保険料として損金に、2分の1は給与となります。経理処理は下記のとおりです。

（借方）	（貸方）
支払保険料　126,972円 給　　　与　126,972円	現預金　253,944円

※源泉所得税は省略

＜従業員が死亡し保険金を受け取る場合＞

（借方）	（貸方）
現預金　300万円	雑収入　300万円

なお、解説の注意点①を考慮すれば、積極的に節税の提案をすることは控えたほうがよいと思います。

Ⅱ．法人編

43 従業員の退職手当を充実させ、会社の社会保険料も削減可能

1．選択型確定拠出年金の特徴

　従業員（役員含む、以下同じ）の退職手当を充実させる制度として選択型確定拠出年金があり、この制度は会社の社会保険料を削減する効果が期待できます。

　従来の確定拠出年金では、会社が掛金を負担しますが、選択型確定拠出年金では、従業員が給与の一部を確定拠出年金に拠出し、自らの意思で年金資産を積み立てていく制度で、会社が掛金を負担しません。

　また、積立の有無は従業員自らが選択するため、積立をしない従業員はそれまでと同じ給与を受け取ることができます。

　掛金分は社会保険料や雇用保険料、労災保険料の算定対象とならないため従業員が負担する保険料が軽減されるとともに、会社が負担するこれらの社会保険料等もあわせて軽減されることになります。

2．会社側のメリット・デメリット
（1）　メリット
・折半負担である社会保険料の軽減効果が期待できる。
・社員の老後の資産形成を支援することができる。
・新たに資金負担（掛金の拠出）することなく導入できる。
（2）　デメリット
・制度運営のコストを負担する必要がある。

3．従業員側のメリット・デメリット
（1）　メリット
・掛金分の所得税、住民税が非課税となる。
・社会保険料の自己負担額の軽減を図ることができる。
・資産運用での運用益が非課税となる。
・一時金で受け取る場合は退職所得控除、年金で受け取る場合は公的年金等控除の活用が可能となる。
（2）　デメリット
・原則として60歳までは、資産の引出しが不可能となる。
・社会保険料等の軽減に伴い健康保険の傷病手当金、雇用保険の失業給付金、将来受け取る厚生年金受給額などが減少する。
・資産運用のリスクがある。
・毎月の手取り額が減少する。
・年金受取りの場合、資産運用の状況により所得税、住民税が課税される。

2．従業員を対象にした保険のニーズと提案

選択型確定拠出年金プランの導入

ご提案のポイント

・会社が選択型確定拠出年金を導入し、従業員が給与の一部を確定拠出年金に拠出します。

＜前提条件＞
・月額給与…30万円
・掛金拠出額…2万円
・年齢…30歳（扶養なし）

社会保険の標準報酬は、拠出前が30万円を算定基準とするため、22等級（42,213円）となります。2万円を拠出したあとは28万円を算定基準としますので、21等級（39,398円）となり1等級（2,815円）下がります。

図表　掛金拠出の有無　　　　　　　　　　　　　　　　　　　　　　　　　　　（年額）

	拠出なし	拠出あり	差額
給与	3,600,000円	3,600,000円	0円
掛金		240,000円	240,000円
健康保険料	179,280円	167,328円	▲11,952円
厚生年金保険料	327,276円	305,448円	▲21,828円
雇用保険料	14,400円	13,440円	▲960円
所得税	73,400円	66,600円	▲6,800円
住民税	151,300円	138,000円	▲13,300円
手取額	2,854,344円	2,669,184円	▲185,160円

※健康保険料率は平成28年3月分、厚生年金保険料は平成28年4月分から適用される保険料額（東京都の全国健康保険協会）となります。

1．社会保険料等削減額

会社側の健康保険料、厚生年金保険料、雇用保険料の1人当たり（年間）の削減額は34,740円となります。

従業員側の健康保険料、厚生年金保険料、雇用保険料の1人当たり（年間）の削減額は34,740円となります。また、所得税は6,800円、住民税は13,300円の削減となります。

2．プラン導入の手続

①運営管理機関の選定
②導入に際しての労使合意の必要
③就業規則・年金規約の作成・変更
④厚生局への認可申請
⑤従業員に対して、運営管理機関の登録、運用方法・金融商品の説明

3．従業員の掛け金拠出によるメリット

従業員が選択型確定拠出年金に加入することにより、給与の手取り額が185,160円減少しますが、拠出額が240,000円であるため、給与受取り後に資産運用する場合に比べて54,840円（240,000円 − 185,160円）多く運用することが可能です。

また、選択型確定拠出年金の運用期間中の運用益には税金がかからないため、より多くの資産運用をすることができます。受取り時には、退職所得控除や公的年金等控除が受けられるため、給与で受け取るよりも将来多くの資産を残すことが可能となります。

Ⅱ. 法人編

 44 従業員の死亡保障をカバーし、節税したい

1．定期保険

個人事業主や法人が、役員や従業員が万一死亡したときの保障のために、自己を保険契約者とし、役員や従業員またはその親族を被保険者とする定期保険に加入します。

定期保険とは、1年・5年・10年・20年など一定期間内での被保険者の死亡を保険事故とする生命保険をいい、傷害特約が付けられているものを含みます。いわゆる掛捨て保険といわれ、貯蓄性のある保険（養老保険）や必ず死亡保険金のある保険（終身保険）とは異なります。その分、安い保険料で高額な保障を受けることができます。

2．税務上の取扱い

（1）　死亡保険金の受取人が契約者

事業主や法人を死亡保険金受取人とし、従業員に万一のことがあった場合に、その保険金を従業員遺族に対する弔慰金や死亡退職金の原資として利用するケースの保険料は、所得税では事業のための必要経費とされ、法人税では損金となります（所法36、所基通36－31の2）。

（2）　死亡保険金の受取人が従業員の遺族

契約形態が、死亡保険金の受取人を従業員の遺族としている場合は、従業員の福利厚生策の一環として加入しているものであり、従業員としても安心して働くことができます。この場合の税務の取扱いは、その加入の仕方が、①普遍的加入か、②差別的加入かによって異なります。

① 　普遍的加入

原則的に全従業員が加入し、しかも加入資格の有無や保険金額等の格差が、職種や年齢、勤続年数等に応じた合理的基準によって普遍的に設けられた格差であると認められるケースをいい、その保険料は(1)と同様に必要経費または損金となります（所基通36－31の2）。

② 　差別的加入

被保険者を役員や特定の従業員（これらの親族を含む）のみに限定した場合や、保険金の格差等が役員と従業員とで非常に大きく、退職金規程等から見ても合理的な説明ができない場合、あるいは、たとえ従業員の全員が同一条件で加入したとしても、その事業や法人の構成員のほとんどが同族関係者である場合などは、差別的加入となり、その保険料は、役員や従業員が経済的利益を受けたものとみなされて給与等になり、源泉所得税の対象となります（所基通36－31の2）。

2．従業員を対象にした保険のニーズと提案

安い保険料で従業員に保障

ご提案のポイント
・保険料が安い点が特徴です。
・受取人を事業主や会社にすると損金となります。
・受取人が、従業員の遺族のときは普遍的加入に注意します。
・年払保険料は、短期前払費用となり支払ったときの損金となります。

〈前提条件〉
・定期保険は保障期間60歳まで
・養老保険は保障期間60歳まで
・いずれも死亡保険金額500万円
・養老満期保険金額500万円

A　被保険者　男性　　年払保険料（円）

年齢	定期保険	養老保険
30歳	22,205	158,370

個人事業主が負担する定期保険料の税務

被保険者	保険金受取人	税務上の取扱い	経費処理
個人事業主	事業主の遺族	原則家事経費（生命保険料控除対象）	事業主貸（必要経費とならない）
		事業上必要と認められるときは必要経費	保険料
事業専従者（青色専従者）	事業主	原則家事経費	事業主貸
		他の従業員と同一条件のときは必要経費	保険料
	専従者の遺族	原則家事経費	事業主貸
		他の従業員と同一条件のときは必要経費	福利厚生費
従業員	事業主	必要経費	保険料
	従業員の遺族	全員同一条件または合理的基準による普遍的加入に該当のときは必要経費	福利厚生費
		特定の従業員や従業員の親族のみの加入や事業構成員が同族関係者がほとんどの場合保険料相当額が給与	給与（源泉所得税対象）

※保険料には、特約保険料（生命保険契約に付加して契約される傷害や入院等を保険事故として給付を行う掛捨て保険料）を含みます。

Ⅱ. 法人編

45 社長に万一があったとき、会社の借入金に対する保障がほしい（1）

1. リスク分析

社長に万一があったとき、会社の継続が困難になることも予想されます。その場合には、会社の財産を換金し借入金等の債務を返済すると同時に、整理するまでの運転資金、社長の遺族保障になる死亡退職金の手当もしなければなりません。

そのときの必要な資金の手当を調達する一手段として、生命保険が有効になりますが、どのくらい資金が必要になるか見積りもする必要があります。

まず、会社の財産、債務を検証する必要があります。帳簿上では、財産として会社の決算書に計上されていても、帳簿価格では換金できないものがあります。また、帳簿価格以上で換金できる含み益の生じている財産もあるので、換価性を考慮した財産明細を作成してみる必要があります。

それにより、債務返済に必要な資金を算定し、社長の死亡退職金、会社整理までの運転資金を加えた額の保障が必要になります。ただし、保険金には税金がかかるので、税金負担も加算した保障が必要になります。

必要保障額は、次のようになります。

> 必要保険加入額＝債務返済必要額＋整理中の運転資金＋死亡退職金＋法人税等

2. 換金財産明細作成のポイント

例えば、在庫商品などは帳簿価格どおりに換金できるとは限りません。長期貸付金、仮払金も回収不能な場合が多いようです。前払費用、前払金、繰延資産等の科目は会計上だけの資産であって、換金性はゼロです。

含み益のある土地などは帳簿価格以上で換金できますが、売却益に対する税金を計算しなければなりません。

これらの財産、負債の換金性、要支払額を見積もって換金財産明細を作成します。

3. 加入する保険選択のポイント

加入目的が社長に万一のことがあったときの準備ですから、保険料の割安な定期保険が適しているといえます。

定期保険は、満期保険金のない掛捨て保険ですが、その分、保険料が割安となっています。

また、社長の引退年齢は、一般社員より高年齢時が予想されますので、保障期間も長期にわたる保険が適しています。

3. 会社のリスクマネジメントに活用できる保険の提案

社長に万一があったときの準備を

> **ご提案のポイント**
> ・社長にもしものことがあった場合に、借入返済不能となるリスクヘッジをします。

1. 会社のリスク分析

社長に万一があったときのリスクは、以下のように算定できます。この例では、13,200万円の保障が必要となります。

必要返済額5,200万円＋運転資金2,000万円＋役員退職金6,000万円＋法人税等0
＝13,200万円

＜必要返済額＞

決算書より必要返済額は、5,200万円となります（図表参照）。

＜運転資金＞

会社を整理するまでの運転資金で、おおよそ2,000万円かかると仮定します。

＜役員退職金＞

退職時に役員退職給与規程により計算した金額となります。

＜法人税等＞

死亡保険金は、雑収入として課税の対象となりますが、このケースでは、役員退職金等が損金計上になりますので、税金負担は生じません。

雑収入	保険金	132,000,000円 1)
	退職金	60,000,000円
損金	資産処分損	76,000,000円
	運転資金	20,000,000円
	損金計	156,000,000円 2)

課税対象 1) － 2) ＜ 0　したがって、0
資産処分損＝資産の部合計金額－換価価値

2. 生命保険契約

下記の生命保険に加入します。

・契約者…法人
・被保険者…社長（45歳、男性）
・保険金…13,200万円
・保険料（年払い）…1,578,588円
・保険期間…75歳満了

社長死亡時には、13,200万円の保険金が支払われる契約で、保障は75歳まで継続します。

図表　貸借対照表

(万円)

資産の部	金額	換価価値	負債の部	金額	要支払額
現預金等	2,500	2,500	支払債務	5,600	5,600
売掛金	3,000	2,400	引当金	100	0
棚卸高	2,500	1,250	借入金	8,000	8,000
機械備品	7,000	2,250	資本金	2,300	
貸付金等	1,000				
合　計	16,000	8,400	合　計	16,000	13,600

必要返済額＝要支払額－換価価値（5,200＝13,600－8,400）

Ⅱ. 法人編

46 社長に万一があったとき、会社の借入金に対する保障がほしい（2）

1. 設備投資の借入計画に応じ加入する

設備投資を1億円行い金融機関より20年のローンで資金調達したとき、借入残高は毎年減少していきます。

この借入残高に対応する保障を準備する場合、通常の保険だと、保障が一定のため、借入残高が減少していったとき保障が過大になり、保険料の無駄が生じてしまいます。

つまり、借入金の減少に対応し、保障も減少していけば、合理的な保険加入といえます。このような保障ニーズに対応する保険として、逓減定期保険があります。

2. 逓減定期保険

逓減定期保険とは、毎年一定割合で保障が減少していく保険で、借入残高が毎年減少し、その残高に応じた保障を準備したい場合に合理的な保険です。保険料は、保険期間中一定で、普通の定期保険の保険料より割安となっています（図表1）。

設備投資により長期資金調達を行い、その借入金に対応する保障がほしい場合などに適しています。

3. 保険料比較

少ない保険料で、効率的に目的の保障を準備するのが合理的な保険加入といえます。借入金の減少に応じて保障も減少していく目的で加入するには、逓減定期が保険料も安く、合理的といえるでしょう。

図表2は、保険種類の中でも、保険料の安い定期保険との保険料比較ですが、逓減定期保険の保険料が割安なのが分かると思います。

図表1　逓減定期保険の仕組み

契約例
・45歳、男性
・当初保険金…1億円、最終保険金…3,000万円
・保険期間……20年
・有配当

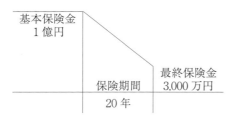

図表2　逓減定期保険と定期保険の比較

・45歳、男性
・保険料　口座月払い
・有配当
・期間20年

定期保険	保険金	1億円
	保険料	71,200円
	保険金	3,000万円
	保険料	21,660円
逓減定期保険	保険金	当初1億円
	最終保険金	3,000万円
	保険料	43,200円
	保険金	当初1億円
	最終保険金	6,000万円
	保険料	48,700円

3. 会社のリスクマネジメントに活用できる保険の提案

逓減定期保険で合理的なリスク対応

ご提案のポイント

・逓減定期保険の保険料は、保険期間中一定で、定期保険に比べて割安です。

1. 設備投資の借入リスクヘッジ

多額の設備投資を借入で行った場合、経営者にもしものことがあれば返済続行が不可能になることも考えられます。そのときのリスクヘッジをする一手段として生命保険があります。借入金は、毎年返済して減少していきますから、リスクヘッジをする保険金も減少していけば、合理的で保険料も割安で済みます。

このようなニーズに対応する保険として、逓減定期保険があります。

2. 投資計画に応じた保険加入

（1） 借入返済計画

1億円の設備投資を行い資金は全額金融機関の借入で調達したケースですが、借入残高の推移は図表左のようになります。

（2） 逓減定期保険の加入

借入金の返済に対応して次の逓減定期保険に加入します。

・契約者…法人
・被保険者…社長（45歳、男性）
・保険金…当初1億円、最終3,000万円
・保険料…口座月払い　43,200円
・保険期間…20年

これにより、借入残高に対応するリスクヘッジをします。

図表　借入残高の推移と保険金の推移

返済条件　　20年の元金均等
1億円
20年ローン返済表　　（万円）

	返済額	残高
1年	500	9,500
2年	500	9,000
4年	500	8,000
6年	500	7,000
8年	500	6,000
10年	500	5,000
12年	500	4,000
14年	500	3,000
16年	500	2,000
18年	500	1,000
20年	500	0

保険金の推移
逓減定期保険　有配当、30％型
基本保険金　　1億円

年数	死亡保険金（円）	前年比保険金	当初比保険金
2	100,000,000	100.0%	100%
4	95,882,400	95.9%	96%
6	87,647,100	95.5%	88%
8	79,411,800	95.1%	79%
10	71,176,500	94.5%	71%
12	62,941,200	93.9%	63%
14	54,705,900	93.0%	55%
16	46,470,600	91.9%	46%
18	38,235,300	90.3%	38%
20	30,000,000	87.9%	30%

Ⅱ．法人編

 事業投資のリスクを保険でカバーしたい

1．投資リスクをカバーする

会社で工場建設等の多額の設備投資を行う場合にはさまざまなリスクが生じます。

販売は予定どおりに行えるか、設備は故障なく稼働するか、など対応しなければならないことがよくあります。

しかし、会社をリードしている経営者にもしものことがあった場合のリスクがもっとも大きいといえるでしょう。後継者が育っていない場合にはなおさらのことです。

社長が死亡した場合、会社は清算せざるを得なくなり、整理するために会社の不動産などの財産を処分しなければならないケースは、よく見受けられます。また、財産を処分しても、整理する資金が不足する場合もあり得ます。

会社経営は常にリスクを負っていかなければならず、多額の投資を行う場合にはリスクの額も増大することになります。

そのためには、リスクの金額を測定し、それに対する手当をしなければなりません。

2．投資リスクの測定

投資リスクを算定する場合、次の金額を考慮しなければなりません。
① 投資に要した借入金残高
② 経営者の遺族保障
③ 会社の債権、その他の債務を清算した差額
④ 社員の退職金
⑤ 清算までに要する会社の運転資金

3．保険金額の設定

上記のリスクに応ずる保険金の設定で、さらに考慮しなければならないのが、税金負担額です。

経営者にもしものことがあり、保険金が支払われたとしても、その保険金には税金がかかりますので、税金差引後の手取金額で上記リスクがカバーできる保険金を設定しなければなりません。

税金がかかる原因は、役員の死亡退職金は、無制限に損金算入にならないところにあります。

税法上、損金算入できる役員退職給与は限度があり、この限度を超えて退職給与を支払っても、限度を超えた部分については損金算入が認められません。

3. 会社のリスクマネジメントに活用できる保険の提案

生命保険による投資リスクヘッジの方法

ご提案のポイント
・会社経営にリスクは避けられません。そのリスクをうまくカバーしていくことが必要です。

1. 加入目的
事業拡大のための5,000万円の設備投資を全額銀行融資でまかないましたが、社長にもしものことがあった場合のリスクヘッジを生命保険でカバーすることにしました。

2. 必要保障額の算定
①社長の遺族保障になる死亡退職金…役員退職給与規程では、死亡退職金は8,000万円になっています。

②設備投資の借入金残高…設備投資の借入金は現在5,000万円です。10年返済の計画で年々返済しますが、運転資金の借入も考慮して、10年間は5,000万円の保障を確保します。

③会社清算費用…財産を処分し、借入金の債務返済をするには2,000万円不足します。また、清算までの資金で2,000万円が必要です。

④法人税等…保険金収入と退職金、清算費用との差額には法人税等がかかります。

3. 保障額合計
必要保障額は図表1のとおりです。

図表1 必要保障額合計 (万円)

役員退職金	8,000
設備借入金返済	5,000
その他の債務返済	2,000
清算費用	2,000
合計	17,000

必要保障額は17,000万円ですが、税金のため22,000万円の保障が必要です。

図表2 税金の計算と資産収支表 (万円)

保険金収入	22,000
▲ 退職金	8,000
▲ 清算費用	2,000
差引（税金対象）	12,000
法人税等 29.97%	3,596

4. 契約形態
＜前提条件＞
・契約者…法人
・被保険者…社長（45歳、男性）
・死亡保険金受取人…法人
・保険金…22,000万円
・保険料（口座月払い）…102,080円

上記の条件による10年満期の定期保険に加入します。

Ⅱ．法人編

48 会社の資金繰りが一時苦しくなりそうだが保険を活用して借入したい

　会社が運転資金、設備資金、その他の事情で資金不足が生じた際に、通常は、銀行等に資金使途・返済計画などを説明して借入をしますが、保険契約を利用して資金調達する方法もあります。

1．契約者貸付

　保険契約者は、現在の解約返戻金のうち、9割（8割の場合もある）を限度として保険会社から貸付を受けることができます。これを契約者貸付といいます。ただし、契約者貸付は、約款にそれが受けられる旨の記載がある保険についてのみ受けることができます。定期保険などにも保険期間途中に解約返戻金が発生しますが、約款上に記載がなければ、原則として受けることができません。

2．契約者貸付の特徴
（1）　利息
　借入金の利息は後払で、金利は通常年2回見直しがある変動金利です。また、この契約者貸付は、保険会社にとっては資産運用を目的としているため、貸付金利の利率については、その契約に対する予定利率より高く設定されています。
（2）　元金返済
　元金の返済は、自由にできます。金額を一度に返済してもよいですし、任意の金額を任意の時期に返済することもできます。

　また、保険期間満了や、死亡、解約などの場合には、保険金または解約返戻金の支払時に借入金の元金利息が清算され差引残高が支払われます。
（注）保険期間中に借入金の元利合計額が、解約返戻金を超えてしまう可能性があります。この場合は、解約返戻金を超過する時点で、保険契約は失効の扱いになります。

　以上のような特徴から、銀行等から借入限度額を超える一時的な運転資金の不足が生じた場合や、事故など突発的な事柄による資金需要が生じてしまい、その資金手当がすぐにできない場合などには、有効な資金調達方法になります。また、融資実行までの日数も、比較的短期間で済みます。

3．利息の経理処理
　借入金の利息は後払であるため、その事業年度に対応する未払利息の計上をうっかり忘れてしまうことがあり得ますので、注意が必要です。

3. 会社のリスクマネジメントに活用できる保険の提案

保険を利用して資金繰りピンチを回避

ご提案のポイント
- 保険は本来の目的である保障に加えて、解約返戻金という資産価値を有しています。契約者貸付は資金調達の方法です。

〈前提条件〉
(1) 現在加入している保険
- 保険種類…養老保険
- 保険期間…10年
- 保険金…1億円

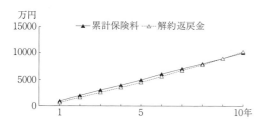

図表1 解約返戻金の推移

経過年数	解約返戻金（配当含む）
1年後	707万円
2年後	1,631万円
3年後	2,586万円
4年後	3,570万円
5年後	4,587万円
6年後	5,637万円
7年後	6,720万円
8年後	7,838万円
9年後	8,993万円
10年後	10,225万円

(2) 現在加入後3年経過
- 現在の解約返戻金の金額…2,586万円
- 契約者貸付限度額…2,327万円（契約者貸付限度額を解約返戻金の9割とする）
- 貸付利息…年5％

なお、未払利息は1年ごとに元金に組入れられることとします。今回2,000万円を借入し、満期時まで元金、利息を一切支払わない場合、図表2のような推移になります。

以上のように、契約者貸付は資金繰りが苦しいときには有効な手段です。しかし、長期資金の場合、契約者貸付の利率と銀行借入の利率を比較しながら、有利なほうを選択し、利用する必要があります。

図表2 契約者貸付2,000万円借入し、元利据置した場合

(万円)

	3年	4年	5年	6年	7年	8年	9年	10年
解約返戻金	2,586	3,570	4,587	5,637	6,720	7,838	8,993	10,225
契約者貸付	2,000	2,100	2,205	2,315	2,430	2,551	2,678	2,811
未払利息累計	100	105	110	115	121	127	133	140
差引受取額	486	1,365	2,272	3,207	4,169	5,160	6,182	7,274

Ⅱ. 法人編

49 会社の社長仮払金を消して、決算書をきれいにしたい

提案の目的と対象

社長個人が、法人から貸付金や仮払金を受け、返済できず残っている場合が見受けられます。

（1） デメリット

①ほとんどの場合は、役員報酬の中から返済しているようですが、完済までの間に法人側で税務上認定利息（受取利息）を計上する必要があり、それに対する法人税の負担を強いられます。また、社長個人に返済原資がない場合、未収利息となり税負担の分だけ法人側の資金繰りを圧迫する結果となります。

②また、決算書上の資産であっても社長に対する仮払金等は換金性のない不良資産という評価を金融機関から受けることになり、融資申込みの際に障害になります。

③さらに、社長に万一の場合には退職金で相殺する方法しかなく、遺族に退職金を支払うことができなくなってしまいます。

（2） プラン概要

このような状況を解消するために生命保険を活用した方法があります。

＜ステップ１＞

法人で社長の退職金の原資を確保するために、終身保険に一括払いで加入します。

※一時払いで貯蓄性の高い終身保険に加入
※契約者・受取人…法人、被保険者…社長

＜ステップ２＞

ステップ１の財源として社長が金融機関から個人で融資を受け、法人に返済します。

その際に金融機関は法人を連帯保証人とし、保険証券に質権を設定して担保提供を受けます。

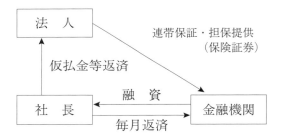

＜ステップ３＞

金融機関への返済財源として社長の役員報酬を増額します。増加分の役員報酬は法人側では損金になり、個人側では所得税等を負担することになります。

以上により会社決算書上の「社長仮払金」という不良資産が消え、保険積立金という健全な資産が計上されます。

3. 会社のリスクマネジメントに活用できる保険の提案

終身保険に一括払いで加入

> **ご提案のポイント**
> 社長個人にとっては、借入先が法人から金融機関に変わるものの、返済を続けていくことには変わりないことから、法人の資産内容の健全化を中心にプランを進めていくことがポイントになります。

1．契約内容
一括払いの終身保険で契約者・死亡保険金受取人は法人、被保険者を社長（50歳男性）とします。

保険金額	38,600,000 円
保険料（5年全期前納）	27,829,365 円

2．借入条件
- 借入金額…27,829,365 円
- 返済期間…20 年
- 返済方法…元利均等返済
- 年利率… 3 ％
- 毎月の返済額…154,340 円
- 返済総額…36,972,000 円
- 利息合計…9,142,000 円

（注）借入金利は変動する可能性があります。

3．役員報酬の増額
154,340円×12カ月＝1,852,080円／年

※役員報酬の増額に際しては、株主総会の支給限度額に留意する必要があります。

4．税負担
(1) 社長所得税・住民税増加額

＜前提条件＞
- 増額前給与収入1,500万円、その他の所得なし
- 所得控除・税額控除は考慮しない

①増額前

　給与収入　給与所得控除

　（1,500万円 − 220万円）× 43％ − 1,536,000円

　（税率 − 控除額）＝ 396万円／年

②増額後

　給与収入　給与所得控除

　（1,685万円 − 220万円）× 43％ − 1,536,000円

　（税率 − 控除額）＝ 476万円／年

③差引増加額

　（476万円 − 396万円）× 20年 ＝ 1,600万円

(2) 法人税等減少額

①役員報酬増加額（費用）

　185万円 × 20年 ＝ 3,704万円

②受取利息減少額（収益）

　914万円

③減少額

　（3,704万円 ＋ 914万円）× 37％

　＝ 1,708万円

※法人税等を37％と仮定

(3) 結論

(1) − (2) ＝ ▲108万円

※利息相当分が外部へ流出することから、個人・法人合算のキャッシュ・フローはマイナスとなります。

Ⅱ．法人編

 保障額を見直したい

　保険に加入した当初に考えられていた会社の業績が、その後経済環境の悪化や人材の流出などの要因から一時ではなく、恒常的に業績が下がってしまい、それに合わせて会社規模を縮小、スリム化しなければならない状況が生じてしまうことがあります。

　このような場合に保険料負担の軽減や必要保障額についても見直すことになると思われます。

　この際に、契約当初の会社業績に合わせて加入した契約を、現在および今後予想される業績推移や業務内容の変化などをもとに加入目的ならびに必要保障額について再検討しなければならないと思われます。複数の保険契約があれば、個々の契約ごとに加入目的や保障額などをもう一度見直して対応を検討します。

1．加入目的の再検討
　・運転資金、設備資金の借入金やリース契約の残高など長期債務に対する保障。
　・支払手形決済、買掛金、未払金、短期の借入金返済など短期債務に対する保障。
　・死亡退職金および弔慰金または生前退職金の支払原資の確保。

2．必要保障額の再検討
　・売上高の減少や経費の圧縮などによる運転資金の減少。
　・資産売却や預貯金の取崩しなどによって借入金の返済を行うなど長期債務額の圧縮。
　・人員削減に伴う人的保障額ならびに退職金の準備額の減少。

3．保険料の負担軽減
　・既契約を解約して、掛捨てタイプの保険へシフトする。
　・既契約のメンテナンス（払済、減額）。

　一般的には保険料が割高で貯蓄性のある既契約を解約し、保険料が割安な掛捨てタイプのものに新たに加入する方法が考えられますが、解約時に払い戻される解約返戻金に対する課税が生じる場合がありますし、新たに加入する場合には現在の年齢と既契約加入時の保険年齢の違いから保険料の負担軽減が十分に得られないようなケースもありえます。また、現在の健康状態によっては特別保険料が加算されたり、加入できないケースも少なくありません。

　このようなことも考慮して既契約を払済や減額などの契約変更による方法も併せて検討することが必要です。

　たとえば、事業を段階的に縮小していくような計画がなされている場合などでは、その都度に保険金額を減額する方法も考えられます。

4．法人契約保険の見直し

解約して新たに加入する場合と減額していく場合の比較

ご提案のポイント

・既契約を解約して新たに加入し直すような場合に、既契約の契約変更を利用することもあわせて検討してみます。

〈前提条件〉

被保険者…社長（男性）現在55歳

今後の事業の縮小を見込み、現時点での保障額1億円を7,500万円に下げて、5年後には5,000万円まで下げていく。

既契約の内容

・保険種類　長期平準定期保険	・加入時の被保険者の年齢　40歳
・保険期間　90歳満了	・保険金　1億円
・年間保険料　1,785,600円	・現時点での解約返戻金額　2,358万円

プラン1

既契約を解約して、保険金額7,500万円、保険期間5年の定期保険に加入する。

この間の年間保険料は62万円。

さらに、5年経過後に保険金額5,000万円、保険期間5年の定期保険に加入する。

この間の年間保険料は60万円。

プラン2

既契約の保険金額1億円を7,500万円に減額する。

この間の年間保険料は135万円。

さらに、5年経過後に保険金額7,500万円を5,000万円に減額する。

この間の年間保険料は91万円。

図表1

（単位：万円）

	プラン実行時	1年目	2年目	3年目	4年目	5年目	6年目	7年目	8年目	9年目	10年目	計
プラン1 保険金額		7,500	7,500	7,500	7,500	7,500	5,000	5,000	5,000	5,000	5,000	
保険料		62	62	62	62	62	60	60	60	60	60	610
解約返戻金	2,358	0	0	0	0	0	0	0	0	0	0	2,358
解約返戻金推移	0	0	0	0	0	0	0	0	0	0	0	0
プラン2 保険金額		7,500	7,500	7,500	7,500	7,500	5,000	5,000	5,000	5,000	5,000	
保険料		135	135	135	135	135	91	91	91	91	91	1,130
減額時払戻額	590	0	0	0	0	795	0	0	0	0	0	1,385
解約返戻金推移		1,866	1,986	2,108	2,230	2,352	1,604	1,683	1,762	1,840	1,917	1,917

図表2

	①10年間の保険料総額	②解約返戻金または減額時払戻額総額	③（差額②－①）	④10年後の解約返戻金推移	③＋④
プラン1	610万円	2,358万円	1,748万円	なし	1,748万円
プラン2	1,130万円	1,385万円	255万円	1,917万円	2,172万円

Ⅱ. 法人編

51 保障はほしいが、保険料をできる限り抑えたい

1. 定期保険の特徴

　保険加入でもっとも安い保険料で必要保障額が確保できるのは定期保険です。

　保険料の負担を抑えたいときには、加入目的を明確にし、必要保障額を重視して万が一に備えるという考え方をとるべきですが、この定期保険はそうした場合に有効な保険です。

　定期保険を利用して一定期間の保障を確保する場合には、①定期保険を一定期間ごとに更新して保障を確保する、②長期間の保険契約により保障を確保する、といった方法があります。

① 定期保険を一定期間ごとに更新して保険契約を維持する方法

　この方法の場合には、当初の契約期間の保険料が低く抑えられます。ただし、保険契約が満期を迎えるたびに更新するため、更新のつど保険料が増加していきます。

② 長期間の保険契約により更新なしで保険契約を維持する方法

　この方法の場合には、保険期間が満期になるまで保険料が一定となります。

2. 税務上の取扱い

　定期保険の支払保険料については、長期平準定期に該当しない場合には、支払時に支払保険料、福利厚生費または給与として全額損金の額に算入することとされています（法基通9-3-5）。

　会社を設立して間もないなどの場合には、最初に短期間の保険契約を締結し、会社が成長期を抑えるときに、保険契約を長期間の定期保険に見直すという方法も可能です。ただし、新たに保険契約を締結する場合には、被保険者の年齢や健康状態により加入できなくなるケースがありますので、保険契約する場合には保障内容を十分に検討する必要があります。

4. 法人契約保険の見直し

必要な保障期間を検討し有利な保険料をさぐる

ご提案のポイント

・短期的な保障が欲しいなら、短い期間で保険契約を締結し、一定期間ごとに更新します。ある程度の期間保障が欲しいなら、長期間の保険契約を締結して、死亡保障をカバーします。
・定期保険の保険期間で比較してみると、保険金の違いはありませんが、保険料には違いがみられます。加入の際には、保険期間と保険料を比較検討する必要があります。

〈前提条件〉
・契約年齢50歳、男性

① 5年満期の定期保険を70歳まで更新

	50歳～54歳	55歳～59歳	60歳～64歳	65歳～69歳
保険期間	5年	5年	5年	5年
保険金	5,000万円	5,000万円	5,000万円	5,000万円
年保険料	308,400円	436,800円	622,800円	979,200円
保険料総額	11,736,000円			

② 10年満期の定期保険を70歳まで更新

	50歳～59歳	60歳～69歳
保険期間	10年	10年
保険金	5,000万円	5,000万円
年保険料	366,000円	784,800円
保険料総額	11,508,000円	

③ 70歳満了の定期保険に加入

	50歳～69歳
保険期間	20年
保険金	5,000万円
年保険料	537,000円
保険料総額	10,740,000円

上記の図表から次のことがいえます。
①保険期間を短く設定し更新していくほうが当初の保険料は低く抑えることができます。
②保険料総額でみると、当初から長期間の保険契約を設定して更新をしないほうが、保険期間を短く設定して更新する場合に比べて当初の保険料は高くなりますが、保険料総額で約100万円少なくて済みます。

Ⅱ. 法人編

52 加入している保険の内容がよく分からない

会社が保険に加入する場合は、役員の死亡リスクや設備投資リスクに備えたり、従業員の福利厚生など加入の目的を明確にして、必要保障額を考慮すべきです。

そのために、まず、現在加入している保険契約の内容を確認する必要があります。契約内容を調べる際、保険証券から以下の項目を確認してみてください。

1. 契約者・被保険者・保険金受取人

契約者は法人のはずですが、中には個人契約のものを会社で管理しているケースもあり得ます。

いずれにせよ、契約者、被保険者、保険金受取人の設定内容で、経理処理と税務上の取扱いが異なります。

2. 保障内容

① 保険種類

定期保険、終身保険、定期付終身保険、養老保険、定期付養老保険、医療保険、逓増定期保険など

② 付加特約

災害割増特約、入院特約、逓増定期特約など

③ 保険金

死亡保険金、入院給付金の額は適正か

④ 保障期間はいつまでか

期間満了、歳満了、終身

⑤ 保険事故の対象は何か

病気全般、がん・成人病、事故、介護など

3. 保険料と払込方法

次に、保険料とその払込方法および支払日を確認します。これは、資金繰りを予定する際に必要になります。

4. 解約返戻金

これで現在加入している保険の資金価値を確認することができます。解約返戻金は、退職金等の原資として利用できるほか、養老保険や終身保険など契約者貸付が受けられる場合がありますので、一時的に資金不足が生じる際などに利用できます。

以上のポイントについて、現在加入している保険契約の内容を調べてみてください。そのうえで、事業リスク、福利厚生、退職金原資の準備などの面で十分に目的を果たしているかどうかを再確認してください。

4．法人契約保険の見直し

定期付終身保険の定期部分の再確認

ご提案のポイント

・保険の契約内容を確認する際によく見落とされるのが、定期付終身保険の定期保険部分の取扱いの違いです。この点について再確認をしてみてください。

　定期付終身保険は終身保険を主契約にし、多くの保障が必要な期間は、定期保険特約を上乗せして必要保障額を確保する保険です。定期付終身保険には、定期保険部分が10年などの一定期間で更新を繰返していく更新型と保険料払込満了時まで継続する全期型の2つのタイプがあります。この2つの違いは保険料にあります。全期型は、保険料が払込満了時まで一定額であるのに対し、更新型は、更新時の保険年齢で保険料を再度算出しますので、更新ごとに金額が増加します。もし、社長をはじめ退職年齢までの保障が確実に必要とする人が定期付終身保険の更新型に加入している場合には、コスト面と解約返戻金による貯蓄性の面から内容を見直す必要があるでしょう。

定期付終身保険　全期型と更新型の比較
＜前提条件＞
定期付終身保険
・定期保険特約保険金…4,500万円
・終身保険保険金…500万円

図表1　10年更新型の保険料の推移

10年更新型	～10年	～20年	～30年
定期保険部分の年払保険料	209,610円	394,335円	837,315円
終身保険部分の年払保険料	152,205円	152,205円	152,205円
年払保険料計	361,815円	546,540円	989,520円
各期間の合計保険料	3,618,150円	5,465,400円	9,895,200円

30年間の総支払保険料　18,978,750円

図表2　全期型保険料の推移

全期型	1年～30年
定期保険部分の年払保険料	414,540円
終身保険部分の年払保険料	152,205円
合計保険料	566,745円

30年間の総支払保険料　17,002,350円

　更新型は当初10年は全期型に比べて保険料は割安ですが、30年間のトータルでは、全期型のほうが197万円割安となります。

Ⅱ. 法人編

53 個人・法人でより効果的な保険加入はできないか（1）

法人加入が税金効果が高い

経営者の方は、個人でも相当な金額の保険に加入している場合が多いと思います。家族の生活保障をはじめ、住宅購入資金の借入や不動産その他の事業資金の借入債務などがある場合、個人的に必要な保障額も大きくなりますし、また、多くの資産を所有している場合も相続対策で保険を利用することもあります。いずれにせよ、経営者の方にとって、生命保険の利用価値は非常に高いと思います。

経営者の方が保険契約を見直す際に、ご自身が被保険者になっているものについて、個人契約だけでなく、法人契約のものも併せて検討する必要があると思います。

特に、遺族保障については、法人契約の場合、人的リスクを加入の目的にして、生命保険金を死亡退職金として会社から遺族へ支払うことができます。

保険の税務上の取扱いは、契約者が個人か法人かによって違ってきます。

個人契約の場合、所得税のメリットとしては、生命保険料控除があります。

生命保険料控除とは、一般の生命保険契約と個人年金保険契約、介護医療保険契約ごとに、それぞれについて1年間に支払った保険料に応じ、下記図表で計算した金額が所得控除できる制度です。

法人契約の場合は、保険の種類や被保険者、保険金受取人など契約形態や加入状況で税務上の取扱いが違います。個人契約の場合、所得税の生命保険料控除では、年間の保険料が8万円を超えてしまえば、一律4万円の控除しか受けられないのに対して、法人では、保険料の全額が損金にできる場合、2分の1、3分の1、4分の1などの割合で損金に算入できる場合、または保険料の全額が資産計上になる場合があります。

したがって、税金効果を考慮すれば、損金になる保険は、法人で加入にしたほうが効果的といえます。

また、法人で損金にならない保険でも、個人が税引後の給料から保険料を負担するより、法人契約にし、後に退職金などで受け取ることも考えられます。

ただし、法人税では、損金になる役員退職金には限度額がありますので、その範囲内での加入が効果的といえます。

図表　平成24年1月1日以降に締結した保険契約等に係る控除額　（所法76（1））

支払った生命保険料の金額の合計額	控除額
2万円以下	支払った生命保険料の金額の合計額
2万円を超え4万円以下	（支払った生命保険料の金額の合計額）×1／2＋1万円
4万円を超え8万円以下	（支払った生命保険料の金額の合計額）×1／4＋2万円
8万円超え	4万円　（限度額）

※生命保険料、個人年金保険料および介護医療保険料の控除額はそれぞれ最高4万円ですから、生命保険料控除額は合わせて最高12万円となります。

4. 法人契約保険の見直し

社長が被保険者の契約を見直す

ご提案のポイント

・経営者の方が保険に加入する場合、加入目的に加えて法人税・所得税のそれぞれの税務上の取扱いの違いを考慮して、契約者を法人、個人どちらにするかをご検討ください。同じ保険でも納める税額に違いが出てきます。

　法人税の取扱いでは、終身保険の保険料は、全額を資産に計上します。また、一般の定期保険の保険料は、全額を損金に算入できます（長期平準定期保険等は除く）。

＜前提条件＞

1. 社長が被保険者で契約者が法人の保険契約

保険種類…終身保険	保険金…1,000万円
保険金受取人…法人	年間保険料…32万円

2. 社長個人が契約者および被保険者の保険契約

保険種類…定期保険	保険金…10,000万円
保険金受取人…遺族	年間保険料…94万円

図表1　現在の加入形態

契約者	保険種類	保険金受取人	保険金	年間保険料	損金算入額
会社	終身保険	会社	1,000万円	32万円	0

契約者	保険種類	保険金受取人	保険金	年間保険料	所得控除額
社長	定期保険	社長の遺族	1億円	94万円	4万円

　この場合、会社は保険料を全額資産計上することになるので、損金算入額はゼロです。社長個人は年間94万円の保険料を負担しても、生命保険料控除は4万円です。
　そこで、1.と2.で契約者と保険金受取人をそれぞれ次のように変更してみます。

図表2　契約変更後の加入形態

契約者	保険種類	保険金受取人	保険金	年間保険料	損金算入額
会社	定期保険	会社	1億円	94万円	94万円

契約者	保険種類	保険金受取人	保険金	年間保険料	所得控除額
社長	終身保険	社長の遺族	1,000万円	32万円	4万円

（定期保険の保険料は全額損金計上の場合とします）

　社長個人の生命保険料控除の金額は変わりませんが、会社は保険料を全額損金に算入することができます。個人と会社の合計収支では、変更前ですと、124万円の負担ですが、変更後では節税効果により96万円の負担に減少します。つまり、差引28万円の節税効果が生じたことになります。

図表3　個人・会社合計収支　　（万円）

		契約変更前	契約変更後
保険料	会社	32	94
	個人	94	32
(1) 保険料計		126	126
節税額	会社	0	28
	個人	2	2
(2) 節税計		2	30
差引負担額 (1)－(2)		124	96

（個人税率50%・法人税率29.97%として計算しています）

Ⅱ．法人編

54 個人・法人でより効果的な保険加入はできないか（2）

1．契約者変更の活用

契約者変更を利用する経営者の方が個人で保険に加入している主な目的は、家族の生活保障や不動産などの資産購入の借入債務にあてるため、相続対策、また、経営者自身の老後の生活資金のためなどがあります。

一方、会社は経営者に万一があったときに事業を継続していくため、あるいは、借入債務等を返済し、従業員の退職金を手当して会社を整理するなど、事業リスク対策として保険を利用していると思います。

経営者の方の保険契約を見直していると、保険の加入目的が個人と法人で重複して加入しているケースがあります。例えば、遺族保障の目的で加入する場合、個人でも生命保険に加入しますが、会社でも福利厚生として遺族の保障を確保するために保険に加入する場合があります。

また、老後の生活資金の確保のために個人で個人年金保険に加入する場合、会社でも、退職後の生活資金のための退職金を支給する原資として、生命保険を利用する場合があります。

このような場合、個人と法人のどちらの契約が良いかを検討する必要があります。ここでは、個人、法人の現在の保険契約を活かし、契約者変更を利用した保険のリストラを考えてみます。

2．契約者を個人から法人に変更する

個人で定期保険などの掛捨て型の保険に加入している場合、契約者を法人に変更することで、保険料が損金に算入できる場合があります。

また、会社から社長個人に多額の仮払金や貸付金がある場合、通常ですと役員報酬から会社に返済しなければなりませんが、個人契約の養老保険や終身保険などを法人に契約者変更することで、変更時の解約返戻金の金額を仮払いの精算や貸付金返済に充てることができます。

3．契約者を法人から個人に変更する

役員、従業員に退職金を支給する際に、その全額または一部を保険契約の契約者変更で支払う方法があります。このときの保険契約は、解約返戻金の金額で評価しますので、終身保険や養老保険など保険期間中の解約返戻金が増加していくものは、いろいろな利用が考えられます。例えば、法人契約の保険を退職者に対して退職金として支払うために契約者変更した場合、退職後しばらくの期間または満期まで、保険料を支払うか、払済保険に変更するなど、継続契約することで死亡保障を確保できます。

4. 法人契約保険の見直し

保険証券を退職金の支払にあてる

ご提案のポイント

・退職金を支払うとき、通常は保険契約を解約して現金で支払います。しかし、保険の種類によっては解約せずに保険の契約者を法人から退職者個人に契約者変更したほうが、退職者自身の死亡保障や資金運用の面などで有利な場合があります。ただ、養老保険のハーフタックス（保険料の2分の1が損金になる契約）など、支払保険料の一部を損金に算入しているものでは、会社の経理処理に注意が必要です。

＜前提条件＞

次の保険契約を契約者変更して退職金支払いの一部にあてる。

（1） 保険契約の内容

・養老保険…ハーフタックス	・契約者…法人
・被保険者…退職者本人	・死亡保険金受取人…被保険者の遺族
・満期保険金受取人…法人	・保険金…1,000万円

・現在の解約返戻金とこれまでの経理処理の内訳
　解約返戻金　536万円
　払込保険料　549万円
　損金経理分　275万円
　保険積立金　292万円（配当積立金含む）

（2） 今回の契約変更の内容

・契約者…法人から退職者
・満期保険金受取人…法人から退職者

契約変更の際の会社の経理処理は、以下のようになります。

（借方）		（貸方）	
退職金	536万円	保険積立金	292万円
		雑収入	244万円

まず、資産計上分の保険積立金292万円を取崩し、残った差額244万円を雑収入で経理処理します。この金額は益金に算入します（解約返戻金が保険積立金を下回る場合は、差額を雑損失として処理します）。

退職金の源泉所得税額

会社は支払う退職金に対して源泉所得税額がある場合、あらかじめ差引いて退職金を支払わなければなりません。したがって、退職金の全額を保険契約の変更で支払う場合は、別途精算する必要があります。

Ⅱ. 法人編

55 保険料の負担がきつくなってきたので見直したい

保険料は、会社の業績にかかわらずほぼ固定化しています。したがって、経営状況や資金繰りが悪化してきた際は、保険料の負担の見直しが強いられることがあります。とりわけ、資産形成や節税を意識して加入した保険契約などは、業績の変化で保険料負担が重荷になり、見直しが必要になる場合があります。そのような場合には、以下の手順で保険契約の検討をします。

1. 現在の契約の加入目的は何か

会社で保険に加入する目的は主に、
① 企業防衛資金の確保
　・運転資金、当座資金
　・借入金返済
② 福利厚生
　・従業員の生活保障
　・従業員遺族への保障
③ 資産形成
　・退職金の支給原資等の確保
などに分けられます。

そして、この目的別に、以下のことをポイントとして契約を見直します。

2. 無駄な契約はないか

保険金が、必要保障額を超えて過大となっている場合や、経営状況の変化によって、現状では加入した目的の意味が薄らいでしまった保険については、解約または減額を検討します。

3. 死亡保障と資産形成のバランス調整

資産形成に適している養老保険、終身保険、逓増定期保険など貯蓄性の高い保険は、保障額に対する保険料負担も大きいため、これを解約または減額します。そして、それによって生じる死亡保障不足額を保険料負担の少ない定期保険に新規加入することでカバーします。この場合、当然、退職金の準備などの資産形成の計画を見直さなければなりませんが、業績や資金繰りを立て直すことを最優先にし、それから再検討すべきでしょう。

4. 加入保険は的確か

死亡保障は、保険料負担の少ない定期保険で確保し、また、全従業員に対する保障は、さらに保険料の安い団体定期保険の加入を検討します。過大となっている保険金は、設備資金の借入やリースなどの長期債務の現在残高に保険金を減額することにより、保険料負担の軽減を検討します。

4. 法人契約保険の見直し

保障と資産形成のバランスを再検討

ご提案のポイント

・現在の保険契約を見直して当面の保険料の負担の軽減を検討する場合、死亡保障と資産形成のバランスを考えなければなりません。

＜検討課題＞

現在の保障額は維持して、かつ保険料の負担を年間500万円程度減らしたい。

図表1　現在の保険加入状況　　　　　　　　（万円）

種類	被保険者	保険金	年間保険料
長期定期保険	役員	20,000	150
定期保険	従業員	20,000	80
養老保険	役員・従業員	30,000	1,350
逓増定期保険	役員	10,000	290
合　計		80,000	1,870

＜対策＞

① 養老保険のうち、被保険者が役員の契約を払済に変更しました。
これによって、保険金が1億円、年間保険料が450万円それぞれ減少しました。

② 逓増定期保険の保険金を1億円から7,000万円に減額しました。これによって、年間保険料が90万円減少し、解約返戻金600万円を受け取りました。

③ 以上によって減少した保障額を補うために役員を被保険者にした定期保険に加入しました。

・保険金…13,000万円
・年間保険料…60万円
・保険期間…5年

図表2　対策後の加入状況　　　　　　　　（万円）

種類	被保険者	保険金	年間保険料
長期定期保険	役員	20,000	150
定期保険	従業員	20,000	80
養老保険	役員・従業員	20,000	900
逓増定期保険	役員	7,000	200
減額後小計		67,000	1,330
定期保険（新規加入）	役員	13,000	60
合　計		80,000	1,390

この結果、年間の保険料を480万円減らすことができ、しかも保障額は以前と同額を確保できます。

Ⅱ. 法人編

56 以前に加入した保険で、現在の必要保障額を確保できているか心配

保険契約に加入した当初は十分であったはずの保険金も、会社の業績の伸びやそれに伴う設備投資などの状況の変化によって適時見直す必要があります。

必要保障額を保障の目的別に見直すのがポイントです。

1．借入金等の債務返済

・設備資金の長期借入金残高
・運転資金のための長期借入金残高
・リース契約の残高
・長期割賦支払手形、未払金の残高

以上のように、返済期間が長期に及び、返済金額も確定している債務については、残高の推移に合わせて必要保障額を算定します。

2．短期債務の支払い

・支払手形決済資金
・買掛金、未払金、預金の支払資金
・短期借入金返済資金

短期債務の支払いは、通常、売掛債権の回収などでまかなわれますので、入金のサイトや現金・預金の残高を加味して予想される不足資金を算定します。

3．退職金・弔慰金

退職金・弔慰金については、次の2つの面から算定します。

①就業規則、退職給与規程などから予想される支払時期と予定される必要額の推移をチェックする。

②会社所有の財産で、退職金や弔慰金に充当可能な財産を差し引いて、過不足を算定します。

4．保険金の設定と税金負担額の検討

保険金を見直すうえで考慮しておかなければならないのは、保険金を受け取ることで生じる税金の負担です。

例えば、借入金の保障に定期保険に加入していて、死亡保険金が会社に支払われ、全額を債務返済に充てた場合、保険金の受取りで生じる利益に課せられる税金負担額を別に手当しなければなりません。この点も保険金を設定するうえで考慮する必要があります。

4. 法人契約保険の見直し

加入目的を考慮して必要保障額を確保

ご提案のポイント

・生命保険は万が一のときの保障を確保する保障機能だけでなく、満期保険金、解約返戻金が退職金の原資として利用できる貯蓄機能も持っています。したがって、会社として保険の加入目的を考えてそれに適した保険を選択することが大切です。

保険金を同額1億円とした場合の保険種類比較

＜前提条件＞
・被保険者…40歳、男性
・保険期間…30年（終身保険は払込期間を70歳に設定）
・保険金…1億円（逓増定期保険は基本保険金を1億円に設定）

図表　返戻金の比較 (万円)

定期保険（10年更新）	5年	10年	15年	20年	25年	30年
保険金	10,000	10,000	10,000	10,000	10,000	10,000
解約返戻金	−	−	−	−	−	−
年間保険料	29	29	73	73	172	172

長期平準定期保険	5年	10年	15年	20年	25年	30年
保険金	10,000	10,000	10,000	10,000	10,000	10,000
解約返戻金	239	511	692	733	564	0
年間保険料	77	77	77	77	77	77

逓増定期保険	5年	10年	15年	20年	25年	30年
保険金	12,000	14,500	17,000	19,500	22,000	24,500
解約返戻金	1,508	3,314	4,199	4,184	3,095	0
年間保険料	336	336	336	336	336	336

養老保険	5年	10年	15年	20年	25年	30年
保険金	10,000	10,000	10,000	10,000	10,000	10,000
解約返戻金	1,277	2,839	4,406	6,077	7,908	10,000
年間保険料	323	323	323	323	323	323

終身保険	5年	10年	15年	20年	25年	30年
保険金	10,000	10,000	10,000	10,000	10,000	10,000
解約返戻金	1,107	2,437	3,766	5,155	6,641	8,275
年間保険料	283	283	283	283	283	283

Ⅱ．法人編

57 福利厚生のための養老保険に加入しているが、社員の入退社について何もしていない

1．加入要件を再確認する

養老保険に下記の契約形態および条件で加入した場合、保険料の2分の1が損金として認められます。

＜契約形態＞
・契約者…法人
・被保険者…役員および従業員
・死亡保険金受取人…被保険者の遺族
・満期保険金受取人…法人

＜加入条件＞
・被保険者の大部分が、同族関係者でないこと。
・被保険者の選択とそれぞれの保険金の設定に恣意性がないこと（普遍的加入条件）。

しかし、この保険契約は保険期間が長期にわたるため、契約時には問題がなくても、その後の社員の入社、退職や退職給与規程の変更などによって、加入条件を満たさなくなってしまうという事態も生じます。その場合には、適切なメンテナンスをしていく必要があります。

2．社員の入退社があった場合

会社で定める保険加入の条件を、入社時または入社後（例えば、入社後3年を経過した者について加入するなど）に満たした者は、追加で新規加入手続をし、退職者についての保険契約は解約します。

3．退職給与規程を変更した場合

退職給与規程の内容を変更したり、社員の担当業務や所属部門が変わったことなどで、既契約の保険金では、不足または超過になってしまう者については、差額分についてメンテナンスをします。

4．満期保険金の受取り方

保険期間中に死亡事故がなく、満期を迎え保険金を受取る場合に、一括で受け取る方法と年金払いで受け取れる方法があります。

（1）一括で満期保険金を受け取る場合

一括して満期保険金を受け取る際、満期保険金額から、保険料支払時に保険積立金に計上してきた金額を差引いた金額は雑収入に計上され、課税の対象となります。

（2）年金払いで満期保険金を受け取る場合

年金払い特約を付加することで、満期保険金を年金払いで受け取ることができます。この場合、その事業年度に受け取った年金額から、その期間に対応する以下の式で計算した保険積立金を差引いた金額は雑収入となり、課税の対象となります。

$$保険積立金等 \times \left(\frac{支払いを受ける年金額}{年金受取総額} \right)$$

4. 法人契約保険の見直し

養老保険のメンテナンス

> **ご提案のポイント**
> ・養老保険の福利厚生制度は、税務上の要件を満たしていなければなりません。社員の入退社があった場合などは、契約の再確認が必要です。

養老保険の保険料の2分の1損金処理について、税務上否認されないためには、社内の加入条件と既契約の内容を再確認するなど、注意する必要があります。

＜前提条件＞

① 契約時の役員・従業員の必要な死亡退職金額および加入状況は図表1のとおりでした。

② しかし、保険加入の3年後に社員Eが退社しました。

保険契約のメンテナンス

保険料の払込みは3回まで済んでいたが、社員Eが退社したため、解約手続を行い、解約返戻金をEの退職金支払いの原資とした。

（3年目のEの契約）
・払込保険料累計…298万円　・解約返戻金…268万円　・差額…30万円

③ 社員Eが退社した同年に社員Fが入社しました。

保険契約のメンテナンス

当社加入規程に基づき、社員Fが入社3年目になった時点で保険金1,000万円で新規加入した。

図表1　業務死亡退職金および加入状況

社員名	年齢	職種	業務上死亡退職金
A	53歳	役員	3,000万円
B	45歳	部長	2,000万円
C	38歳	課長	1,500万円
D	32歳		1,000万円
E	28歳		1,000万円

図表2　10年満期養老保険

保険金額（5名合計）	8,500万円
保険料（平準年払い）	8,531,740円
契約者	○○株式会社
被保険者	下記明細（図表3）
死亡保険金受取人	被保険者の遺族
満期保険金受取人	○○株式会社

図表3　保険加入明細

社員名	年齢	年払保険料	保険金
A	53歳	306万円	3,000万円
B	45歳	200万円	2,000万円
C	38歳	149万円	1,500万円
D	32歳	99万円	1,000万円
E	28歳	99万円	1,000万円
合計		853万円	8,500万円

図表4　解約返戻金

年	保険料累計	解約返戻金
1	853万円	620万円
2	1,706万円	1,447万円
3	2,559万円	2,268万円
4	3,412万円	3,103万円
5	4,265万円	3,955万円
6	5,119万円	4,824万円
7	5,972万円	5,712万円
8	6,825万円	6,619万円
9	7,678万円	7,548万円
10	8,531万円	8,500万円

II. 法人編

58 保険の見直しをしたいが、何かよい方法はないか（1）

保険契約は、概ね長期間になりますが、その間会社の業績にもさまざまな事柄が考えられます。とりわけ、資金繰りの問題が大きく、保険料の支払いを継続すること自体を検討しなければならないこともあります。

その際、単に解約するのも一案ですが、今の保険契約を活かして対処することもできます。

1. 延長保険

既契約の保険が有している解約返戻金を利用して、一時払いの定期保険に契約変更することで保険料の支払いを止めた後も、今の死亡保障を確保することができます。これを延長保険といいます。この保険の保険金額は既契約と同額で、保険期間は既契約の期間満了日までを限度として、解約返戻金の額によって決まってしまいます。つまり、既契約の残りの保険期間の分の定期保険に加入するのに必要な一時払保険料より解約返戻金が少ない場合は、保険期間が短縮されます。逆に、解約返戻金のほうが多い場合は、期間満了時に生存給付金が支払われます。

2. 払済保険

延長保険では、契約変更できる保険種類が定期保険のみですが、保険料の支払いを止めた後も今の保険期間と保険種類を維持、継続したいという場合には、既契約の保険が有している解約返戻金を残りの保険期間に対する一時払保険料に充当して契約を存続させることができます。この場合、保険金は、一時払保険料に見合う金額まで下がります。これを払済保険といいます。

払済保険への変更は、特に養老保険や終身保険で、保険料の支払いが困難になったときなどに有効な手法です。

3. 減額

保険料の支払いが負担になった場合に、既契約の保険金の額を減額して保険料の負担を軽減することができます。

これは、既契約の一部を解約したと考えられますので、保険料が下がるだけでなく、減額した分に相応する解約返戻金が支払われます。

4. 法人契約保険の見直し

会社の現状を考え既契約保険を有効活用

ご提案のポイント

・生命保険は保険金が同額ならば、保険契約時の保険年齢によって保険料が上下します。したがって、解約・新規契約の際はその点を確認して既契約を有効に活用する方法をまずご検討ください。

1. 延長保険への変更（図表1・2）
   - 保険料の支払い　なし
   - 保険金の額　契約時と同額
   - 保険期間　図表1・2のとおり

図表1　保険期間が元の契約よりも短くなる場合

図表2　保険期間が現在の満期まで続き、生存保険が受けられる場合

2. 払済保険への変更（図表3）
   - 保険料の支払い　なし
   - 保険金の額　下がる
   - 保険期間　変更なし

図表3

3. 減額（図表4）
   - 保険料の支払い　あり
     残存契約分の保険料支払いは継続する。
   - 保険金の額　下がる
   - 保険期間　変更なし

図表4

Ⅱ. 法人編

 59 保険の見直しをしたいが、何かよい方法はないか（2）

1．契約転換のメリットと注意点

現在の保険の契約内容が会社の現状に合わなくなった場合に、現在の契約をより適した別の保険商品に切り替えることが可能です。これを契約転換といいます。例えば、万が一のときの債務支払いを考えて以前に定期保険に加入していたが、債務の減少や他の保険契約の保障額の増加などの理由で必要でなくなってしまった場合などは、まず解約が考えられます。

しかし、ここで債務支払いに対する保障は十分だが、役員、従業員の死亡保障や退職金の資金等がまだ不十分であった場合に、この定期保険を終身保険に契約転換して、それを補うことができます。

契約転換をするメリットとして、
① 転換の際の現在の保険契約が有している価値に対する査定が、単に解約した場合の解約返戻金の額より高くなる
② 現在の契約に特別配当がある場合などは、その権利を引き継ぐ

などが挙げられます。つまり、単に解約して新たに加入するよりも、現在の契約を活かすことのできる手法です。

ただし、注意しなければならない点もあります。

2．予定利率で保険料が変わる

通常、保険期間中の予定利率が変わることはありません。

しかし、転換の場合は、転換後の保険商品の予定利率が、その時点で新規契約に適用される利率に変わってしまいます。

過去の契約で、予定利率の一番高いものは6.25％のものがありますが、バブル崩壊とともに予定利率はどんどん下がり、現在の利率は1～1.5％程度になります。そのため、契約期間によっては、転換することにより、大幅に保険料が上がってしまう可能性があります。逆に、景気回復とともに予定利率は引き上げられる傾向も表われてきていますので、今後の動きによっては、保険料の節約に繋がることも考えられます。

3．税務上の取扱い

転換で保険の種類が変われば、税務上の取扱いも変わります。例えば、定期保険を終身保険に転換した場合、保険料の経理処理が、定期保険では損金算入していたものが、転換後終身保険では資産計上になります。また、転換時に益金が生じる場合もあるので注意が必要です。

4．法人契約保険の見直し

簿外資産を利用して赤字を補填する

ご提案のポイント

・契約転換を利用し、保険の見直しをしましょう。定期保険を終身保険に転換した場合、財務内容の改善になります。

　例えば保険料を全額損金に算入する定期保険では、保険期間中に有している解約返戻金の資産価値が会社の帳簿には計上されません。これを終身保険または養老保険に契約転換すると、転換価格が保険積立金として資産計上され、同時に雑収入として益金に計上されるので、帳簿のうえでは財務状態は良くなります。

＜前提条件＞

既契約の保険（定期保険、保険金10,000万円）を終身保険に契約転換する

＜転換後の内容＞

・契約者…法人	・被保険者…役員
・保険金受取人…法人	・転換価格…220万円
・保険金…3,000万円	

転換時に転換価格220万円について、通常は以下の経理処理を行います。

保険積立金　220万円	雑収入　220万円

（定期保険についての経理処理で資産計上した額があればそれを取崩し、残った額を雑収入にする）

　つまり、簿外の資産であった定期保険の解約返戻金などが転換したことで終身保険の積立金として資産に計上されることになります。
（なお、上記の処理は保険契約の内容に則した処理方法ですが、転換時に会社での資金流出・流入の移動がないため、経理処理は不要との意見もあります）。
　転換後の保険料は全額資産に計上しますが、解約返戻金は保険料の累計額とほぼ比例して推移しますので、確実に資産形成をしていくことができます。デメリットとして、保険金が下がってしまうので、保障額が不足する場合は、新たに加入するなど手当を講じる必要があります。

Ⅱ．法人編

 保険の見直しをしたいが、
何かよい方法はないか（3）

1．保険料の払込方法を変更

　保険の契約を見直すポイントとして、資産運用の効果を検討することが挙げられます。会社は、保険によって保障を確保できますが、それに加えて満期保険金や解約返戻金による資産形成をすることができます。同じお金を払うのであれば、より運用効果が高いほうが望ましいでしょう。そうした際の対策の1つとして、保険料の払込方法を変更することで運用効果に違いが生じます。

　保険料の払込方法は、

① 　月払い
② 　年払い
③ 　一時払い
④ 　前納払い

などがありますが、この払込方法によって、保険料に違いがあることはご存知だと思います。

　例えば、以下の契約で払込方法による保険料の違いを比べてみると、

・保険種類…養老保険
・保険金…1,000万円
・保険期間…10年
・年齢・性別…45歳、男性
＜月払いの場合＞
・月払保険料　86,500円
・総支払保険料　10,380,000円
＜年払いの場合＞
・年払い保険料　1,009,830円
・総支払保険料　10,098,300円
＜一時払いの場合＞
・一時払保険料　9,418,100円

となり、運用効果にかなり違いがあります。

　一時払いは、契約時にしか選択できないので別物として、払込方法を月払いから年払いに変更することで、保険料の負担を2.7％軽減することができます。

2．定期積金を利用し保険料を確保

　そうは言っても「月払いの金額なら資金繰りの心配もあまりないが、年払いの金額だと毎年払込日に資金繰りがつくかわからない」という心配が当然あると思います。確かに、お金はあればどこかに回ってしまうものです。その際に、銀行等で扱う1年満期の定期積金を利用して年払保険料を毎月積立てて確保していく方法なども考えられます。

　この場合でも、払込方法を変更後、最初の年払保険料の資金手当をどうするかという問題は残りますが、より効果的な資産形成には有効な方法だと思います。

4．法人契約保険の見直し

払込方法の変更で運用効果をアップする

ご提案のポイント
・保険料の払込方法には、口座月払いを利用しているケースが多いようですが、払込金額を考えた場合は年払いのほうが得なのは言うまでもありません。そこで、銀行等の定期積金を利用して、年払保険料相当額を貯蓄して払込方法を変更しましょう。

＜前提条件＞
・現在の月払保険料…86,500 円
・年間保険料…1,038,000 円
・年払契約にした場合の払込期日…毎年4月1日
・年払保険料…1,009,830 円

　3月より1年満期の定期積金で月額86,000円で開始します。金利は年0.05％と仮定すると、満期金額は1,032,280円、利息金額は280円になります。つまり、

　　月払契約時の年間保険料－年払契約時の年払保険料＋定期積金の利息＝節約できた資金
　　　1,038,000 円 － 1,009,830 円 ＋ 280 円 ＝ 28,450 円

となります。この方法を継続することで、毎年これだけの資金が節約できます。また、年払保険料の資金を確保する方法として、次のような方法があります。

①契約変更時に自己資金で年払保険料の払込みができる場合

　払込方法を変更した場合、以後の払込みから年払保険料の金額が必要になりますので、その資金を用意しなければなりません。仮に、これを自己資金で用意できた場合、これに合わせて銀行等で扱う1年満期の定期積金を始めます。満期金を年払保険料相当額に設定して、その掛金を毎月積立てれば、翌年の保険料の払込みに満期金を充当できます。これを毎年繰返して行います。

②契約変更の際、自己資金で年払保険料の払込みができない場合

　この場合は、銀行等より年払保険料相当額を一度だけ借入して払込み、合わせて①であげた1年満期の定期積金を毎年掛けて、以後の保険料の払込みに満期金を充当していきます。借入金の返済は、金利や資金使途からも短期返済が望ましいのですが、資金繰りを考えて返済期間を決めましょう。ただし、あまりの高金利や返済が相当長期に及ぶ場合には、年間保険料の差額を金利が上回ることもあり得ますので注意が必要です。

＜参考資料＞相続対策と生命保険

生命保険を活用した相続税対策

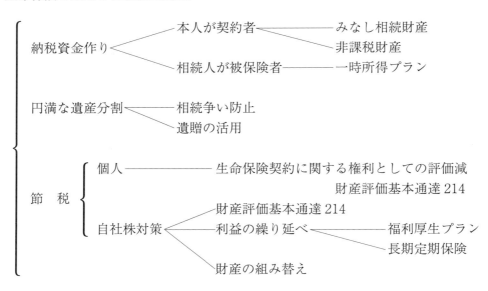

個人の相続税対策

YES ──→
NO ‐‐‐▶
スタート ──→

本人が生命保険に加入できるか
　→ 終身保険に非課税限度額加入しているか
　　　→ 必ず加入する（年齢制限あり）
　　　→ 相続税の税率が50％以上
　　　　　→ 資金繰りの許す限り相続人が本人に掛ける
　　　　　→ 資金繰りの許す限りの本人が加入

本人に金融資産があるか
　→ 贈与資産も活用する
　→ ×

相続人が加入できるか
　→ ×
　→ 本人が平均余命が10年以上
　　　→ 5～10年物の年払養老保険
　　　→ 10年超の養老保険or年払終身保険の全期前納

Ⅲ．相続・事業承継編

Ⅲ. 相続・事業承継編

事業承継を円滑に進めるために保険を活用したい

1．事業承継とは

会社を後継者に引き継ぐ事業承継においては、後継者に事業や経営のノウハウを伝えると同時に、オーナー自身が持つ、自社株式を引き継ぐことが重要課題となります。

事業承継においては、「経営権の承継」、「財産権の承継」、「支配権の承継」の3つが重要な論点になります。

「経営権の承継」は、オーナーが代表取締役社長の座を親族や社内の役員に譲り、会社経営の第一線から退くことを指しますが、代表取締役社長の座を譲っただけでは、会社の事業と経営を引き継いだことにはなりません。

そこで、「財産権の承継」、すなわちオーナー自身が持つ自社株式を後継者に譲ることで、「支配権の承継」をすることが重要になります。株式を保有せずして、会社の事業や経営に関わる重要な事項を自らの意思で決めることはできません。

したがって、株式は不用意に分散せずに、後継者に集中して、100％の承継を目指すべきであると言えます。

2．自社株式の承継

オーナーの事業承継にとって問題になるのは「自社株式」といえます。事業が成功し、会社の規模が大きくなればなるほど自社株式の価値も値上がりします。事業承継の観点からすると、M＆A等で外部に株式を売却する想定であれば、自社株式の承継については特段問題にはなりませんが、「親族内承継」や「企業内承継」を行う想定であるとすると、自社株式は、まさに厄介な資産と言えます。

非上場会社については、業績が好調なことがすべてプラスに働くわけではなく、事業承継という大きな問題を抱える要素になるということをオーナーが理解する必要があります。

3．自社株式対策

このような状況に生命保険は、非常に効果を発揮します。会社が、オーナーを被保険者とする生命保険に入ることによって、役員退職金の原資となり将来の相続税の納税資金を形成すると同時に、株価引下げのための利益圧縮にも効果があり、さらにはオーナーの突然の不幸にも備えられます。

会社として、役員や社員が加入する生命保険には多様な種類があり、掛捨てまたは解約返戻金付きかにより損金扱いの割合が異なりますので、オーナーの引退時期や、必要となる納税資金等をシミュレーションした上で、加入を検討する必要があります。

1. 法人オーナーのニーズと保険提案

自社株引下げ・株式取得資金確保・納税資金確保等

ご提案のポイント

・事業承継にあたっての肝といえる自社株式の株価を引き下げるために、生命保険は有効な手段です。
・生命保険の解約返戻金がピークになった際に解約し、役員退職金の原資とすることも可能ですし、オーナーに予期せぬ不幸があった際の手当てにも有効であり、事業承継に万能な手段といえます。

1. 自社株引下げ

非上場株式の株価の評価方法には、「類似業種比準価額方式」「純資産価額方式」「配当還元方式」の3つがありますが、同族株主が株式を承継するときは原則として、「類似業種比準価額方式」と「純資産価額方式」の2つの方式で算出します。下記は分かりやすく極端な例にしています。

<前提条件>
・業種…製造業（会社規模：大会社）
・発行済み株式数…20万株
・業績…毎期利益5,000万円

<加入保険（5年前から加入）>
・契約者…会社
・被保険者…オーナー
・受取人…会社
・保険料による損金…年4,000万円

<効果>

	対策前	対策後	対策効果
自社株評価額	17,120万円	5,440万円	11,680万円

2. 株式取得資金確保・納税資金確保等

上記の保険契約において、加入から5年後に解約返戻金がピークを迎えたタイミングで、事業承継を実施することにより、解約返戻金によるまとまった金額の役員退職金の支給が可能となり、将来の相続税納税資金を確保することが可能となります。

生命保険はオペレーティングリースによる節税商品等とは異なり、単年度において一時に多額の損金を発生させることはできませんが、目先の自社株式の株価を引き下げるのみならず、いざ事業承継になった際の資金確保にも対応できるためバランスの取れた手段として扱われています。

Ⅲ. 相続・事業承継編

62 相続財産の評価上昇を防ぎたい

1．相続税対策としての生命保険

通常金融資産を保有している場合、資産は毎年利息等の果実を生じ、元利が増加していきます。資産家で特に金融資産を多量に保有している方の場合には、時の経過とともに相続財産も増加していってしまうわけです。

ところでもし他人、例えば配偶者や子供を被保険者として生命保険に加入していた方が亡くなった場合に、その方がそれまで支払った保険料およびその保険契約はどうなってしまうのでしょう？

生命保険契約は保険事故すなわち被保険者が亡くなるか、満期を迎えるか、あるいは途中解約しなければ契約は終了しません。したがって、保険料を負担していた契約者が亡くなっても保険契約はそのまま継続されます。そしてその保険契約は「生命保険契約に関する権利」という相続財産として評価されます。財産評価基本通達214では「生命保険契約の権利」の評価について以下のように定めています。

　　評価額＝解約返戻金の額

したがって、お手持ちの金融資産を低解約返戻型逓増定期保険や解約返戻金がない終身保険等の保険料として投入すれば、その契約は保険契約が終了するまでは、解約返戻金の額で評価されますので、解約返戻金が低い段階で相続が発生した場合には、払込金額より低い金額での評価額となります。ただし、前納保険料を一括で払い込んでも、払込期間が経過するまでは、未経過期間に対応する金額は前払保険料として相続財産に計上することになります。よって、相続が開始直前に加入するよりも、早めに加入したほうが節税効果は高くなります。

2．低解約返戻型逓増定期保険の場合

低解約返戻型逓増定期保険については、一定時期の解約返戻金のピークを超えると、解約返戻金の額は逓減していくので、解約の時期については注意が必要です。ただし、比較的短期間で支払った保険料もほぼ全額返ってくるため、資金を目減りさせることなく相続税を節税することができます。

3．終身保険の場合

解約返戻金がない終身保険については解約返戻金がなく、最終的な資金の回収は相続人に相続が発生した時になるので、この保険に加入する方は、資金的に余裕がある方が適しています。また、この保険は一時相続が発生した後に受取人を相続人の子供等にすることによって、相続人の相続時（二次相続）に生命保険金の非課税枠（500万円×法定相続人の数）を活用することができます。

1. 法人オーナーのニーズと保険提案

金融資産を生命保険に変え評価額上昇を防ぐ

ご提案のポイント

・金融資産は元金と果実がともに相続財産として相続税が課税されます。
・生命保険契約の権利は解約返戻金の額で評価されるので、低解約返戻型の保険であれば、払込金額よりも低い金額で評価されます。
・低解約返戻型逓増定期保険等の場合には、解約返戻金のピーク時に解約する等の注意が必要となります。

低解約返戻型逓増定期保険に加入

- 契約者…本人
- 被保険者…配偶者等
- 死亡保険金受取人…本人
- 手元余剰資金…1億円
- 保険料…年2,000万円
- 解約返戻金…4年：3,000万円、6年：9,500万円

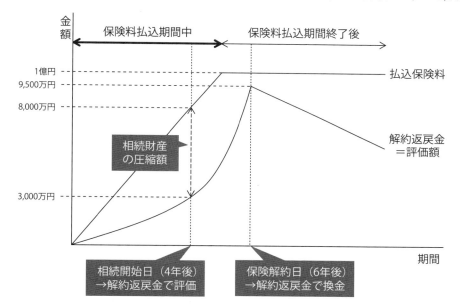

　生命保険以外の多くの金融資産の相続税評価額は、相続発生時での時価となりますので、上記の例で保険に加入しなかった場合には、1億円が評価額となります。上記の例では、保険に加入して4年後に相続が開始していますので、払込金額8,000万円に対して、評価額は3,000万円に抑えることができます。また、相続開始後の解約返戻金ピーク時に解約することにより、払込保険料に近い金額の解約返戻金を受け取ることができます。

Ⅲ. 相続・事業承継編

生命保険による自社株式対策の概要

1. 自社株式と相続税

中堅企業（非公開会社）オーナーの相続発生時に自社株式はどのように評価され相続税が課されるのでしょうか。非公開会社の株式は、上場会社の株式のような「時価」がありません。しかし、だからといって非公開会社の株式を、額面で評価することはできません。

具体的には、会社規模や会社種類等に応じて純資産価額方式、類似業種比準方式などといった「相続税評価方式」に基づき評価・課税されます。

この「相続税評価方式」に基づいて評価されたオーナー所有の自社株式が、予想外に高く評価され、相続人となる後継者に多額の相続税負担が生じるケースが見受けられます。この場合、会社はオーナーの死亡退職金や後継者への貸付金といった形でオーナー一族の相続税納税の支援をすることが必要となります。しかし、たとえ財務体質の良好な会社であっても、突然、一括で数千万円から数億円もの退職金等の支払いをすることは経営基盤を揺るがしかねません。

2. 自社株式の評価概要（相続税評価方式）

オーナーの相続発生（事業承継）時や生前贈与時に適用される「相続税評価方式」では次のように株価が決定されます。なお、株式を取得される御子息などは、一般的に税務上、「同族株主等」に該当し、「配当還元方式」の適用はありません。

（1）会社種類・規模の判定（巻末資料2、3参照）

まず、評価する会社の種類および規模を判定します。その結果、一般の評価会社に該当する場合には、さらに大会社、中会社、小会社（会社の規模）を判定することで株価の計算の方法が決定されます。一方、会社が特定の評価会社に該当する場合、類似業種比準方式などでの評価は認められず、原則として純資産価額方式のみでの評価となります。

（2）株価の評価方式（巻末資料1参照）

このように、オーナー所有の自社株式の評価方法は、会社の種類および規模に応じて、純資産価額方式や類似業種比準方式（またはこれらの併用方式）とされています。ここでは、この2つの評価方式の特徴を紹介します（計算方法は巻末資料1の（A）（B）を参照）。

・純資産価額方式：「仮に会社の資産・負債をすべて処分して解散した場合に株主に分配される金額。すなわち、会社解散に伴い株主に払い戻される残余財産額」をもって株式の評価額とする方法。

・類似業種比準方式：「会社と業種が類似する複数の上場会社の平均株価に比準して求めた価額」をもって株式の評価額とする方法。

3. 生命保険による自社株式対策の概要

会社は従業員（役員含む）の退職金の準備や福利厚生制度の充実、さらには資金運用などさまざまな目的のために生命保険に加入しています。

ここでは、生命保険を活用した自社株式対策の流れについて紹介しましょう。

（1） 自社株式の評価額を知る

まず、自社株式の評価額を知っていただくことが重要です。評価額の計算をする際、会社が一般の評価会社なのか、それとも特定の評価会社となるのかにも注意しましょう（巻末資料2参照）。

（2） 会社の種類・規模に応じた対策（表1参照）

①一般の評価会社（大会社）に該当

類似業種比準価額と純資産価額のいずれか低いほうが株価とされ、通常、その低い評価方式への対策を検討します。

②一般の評価会社（中小会社）に該当

純資産価額と併用方式のいずれか低いほうが株価となります。具体的には、純資産価額が低い場合は純資産価額、類似業種比準価額が低い場合は併用方式による評価額が株価とされ、その低い評価額への対策を検討します。さらに中会社で併用方式による株価が純資産価額より低い場合、会社規模をランクアップすることで株価を引き下げることができます。

③特定の評価会社に該当

会社の総資産に占める土地や株式等の割合が高く土地保有特定会社、または株式保有特定会社と判定される場合、原則、純資産価額が株価とされます。対策は、その純資産価額の引下げか、会社の種類を特定の評価会社から一般の評価会社に変更することが考えられます。

（3） 生命保険の選定（表2～4参照）

自社株式対策として、類似業種比準価額を引き下げるのか、純資産価額を引き下げるのか、それとも会社規模をランクアップするのかなど、対策の目的が決まったところで、活用すべき生命保険を選定します。選定に際しては、対策効果の試算のみならず資金繰りへの影響などにも十分な配慮が必要です。

4. 留意事項

従業員全員に退職金の数倍もの定期保険を掛けることによって利益金を一時的に圧縮した場合など、単に「節税のみを目的」とした加入としか考えられないケースや「合理的理由のない」生命保険の加入は、その生命保険契約をなかったものとして株式の評価をするといった指摘を受ける可能性がありますので、注意が必要です。

※巻末資料は174頁を参照してください。

Ⅲ．相続・事業承継編

表1：会社種類・規模に応じた対策効果一覧　　　　　　　（◎、○：効果あり、×：効果なし）

会社種類・規模		類似業種比準価額への対策（表2）	純資産価額への対策（表3）	会社規模・資産構成への対策（表4）
一般の評価会社	大会社	◎	◎	×（注1）
	中会社	○（注1）	◎	○（注1）
	小会社	○（注2）	◎	○（注1）
特定の評価会社		×	◎	◎（注2）

（注1）併用方式による株価が純資産価額方式による株価より低くなる場合は効果がある。
（注2）合理的理由のない特定の評価会社の判定を免れるための対策は認められない。

表2：生命保険加入による類似業種比準価額の引下げ効果　　（◎：効果大、○：効果中、△：効果小、×：効果なし）

保険種類等（注1）	類似業種比準価額の決定要素		純資産価額（帳簿価額ベース）	（参考）返戻率・満期金等	
	利益金額（注2）				
	当初6割期間	残4割期間		解約時	満期等
定期	100%	100%	◎	×～△	－
長期平準定期	50%	175%	○	△～○	－
逓増定期	50～75%	175～137.5%	○	△～○	－
1／2損金の養老	50%	50%	○	○	○
借入　一時払養老	（金利相当額）		×	◎	◎
一時払終身	（金利相当額）		×	◎	－

（注1）死亡保険金の受取人を、1／2損金の養老保険では従業員の遺族、他の保険では会社とする。また、1／2損金の養老保険は満期保険金受取人を会社としている。
（注2）利益金額に与える効果として、支払保険料に対する損金算入額の割合を示している。

表3：生命保険加入による純資産価額の引下げ効果　　（◎：効果大、○：効果中、△：効果小、×：効果なし）

保険種類等（注）	純資産価額の決定要素		（参考）返戻率・満期金等	
	純資産価額（相続税評価ベース）	含み資産額（相続評価額－帳簿価額）	解約時	満期等
定期	◎	×～○	×～△	－
長期平準定期	○	×～△	△～○	－
逓増定期	○	×～○	△～○	－
1／2損金の養老	○	○	○	○
借入　一時払養老	×	△	◎	◎
一時払終身	×	△	◎	－

（注）死亡保険金（死亡給付金）の受取人を、1／2損金の養老保険では従業員の遺族、他の保険では会社とする。また、満期保険金（または年金）の受取人を会社としている。

表4：生命保険加入による会社規模・資産構成への効果　　（◎：効果大、○：効果中、○：効果小、×：効果なし）

保険種類等（注1）	会社規模・資産構成の決定要素（注2）		（参考）返戻率・満期金等	
	総資産価額（帳簿価額ベース）	総資産価額（相続税評価ベース）	解約時	満期等
借入　養老	○	△～○	△～○	○
終身	○	△～○	△～○	－
一時払養老	○	○～◎	◎	◎
一時払終身	○	○～◎	◎	－

（注1）死亡保険金（および満期保険金）の受取人を会社とする。
（注2）合理的理由のない特定の評価会社の判定を免れるための対策は認められない。

1．法人オーナーのニーズと保険提案

利益の引下げ・純資産の引下げ・会社規模の調整等

ご提案のポイント
- 自社株式（非上場株式）の株式の評価方法には、「類似業種比準価額方式」「純資産価額方式」「配当還元方式」の3つがあります。
- 生命保険を活用することによって、株式の評価額を下げることができ、また、将来の納税資金確保等にも役立ちます。

1．利益と純資産の引下げ

非上場株式の株価の評価方法には、「類似業種比準価額方式」「純資産価額方式」「配当還元方式」の3つがありますが、同族株主が株式を承継するときは原則として、「類似業種比準価額方式」と「純資産価額方式」の2つの方式で算出します。

＜前提条件＞
- 会社規模…中会社の中
- 発行済み株式数…20万株

＜1株当たり株式評価額＞

	対策前	対策後	対策効果
類似業種比準価額	500円	350円	150円
純資産価額	1,500円	1,300円	200円
株式評価額	900円	730円	170円

＜効果＞ （万円）

	対策前	対策後	対策効果
自社株評価額	18,000	14,600	3,400

2．会社規模の調整等

類似業種比準価額方式に比べて、純資産価額方式のほうが株価が低い場合には、純資産価額方式による評価額を採用することが有利となります。ところが、純資産価額方式のほうが株価が高い場合には、株価が低い類似業種比準価額方式を取ることはできず、会社の規模に応じて株価が変わっていきます。

会社規模が大きいほど、類似業種比準価額方式の株価を採用できる割合が増加していきますので、株価も低くなります。上記の例でも、会社規模を中会社の中から大会社に上げることで、大きく評価額が変わってきます。

＜効果＞ （万円）

	対策前（中会社の中）	対策後（大会社）	対策効果
自社株評価額	14,600	7,000	7,600

Ⅲ. 相続・事業承継編

64 自社株の評価上、類似業種比準価額が高くなっているので対策したい（1）

1．類似業種比準方式とは

類似業種比準方式（※1）とは、原則、税務上の大会社（※2）の株式を評価する際に適用できる評価方式です。具体的には、会社と類似の業種を営む上場会社群の一株当たりの—Ⓑ配当金額、Ⓒ利益金額、Ⓓ純資産額—とをそれぞれ比較して株価が決定される方式です。株式がこの評価方式によって評価される場合、評価を引き下げるためにはこの3つの株価決定要素に着目し、対策を講じることになります。ここでは、利益金額に着目した場合の生命保険の活用方法を検討します。

2．対策の内容

（1） 保険種類の選定

会社が従業員や役員を被保険者として生命保険に加入した場合、その支払った保険料の取扱いは、保険種類や契約形態などに応じて異なります。ここでは、会社の利益金額を減らすことで株価を引き下げることが目的ですから、保険料が損金の額に算入される定期保険が対象となります。これらの定期保険のどれを使って、誰を被保険者として加入するのがよいかは、保障の必要性、保険料の損金算入割合、さらには中途解約時の返戻金などを総合的に判断して決定することになります。

各種定期保険の保険料損金算入割合

保険種類（注）	保険期間	
	当初6割	残4割
一般の定期	100%	100%
長期平準定期	50%	175%
逓増定期	50～75%	175～137.5%

（注）死亡保険金の受取人は法人とする。

（2） 対策例

もっとも一般的なケースとしては、オーナーの死亡退職金等原資の確保を目的として、定期保険に加入します。定期保険は保険期間が満了すると保障がなくなってしまうので、保険期間はできるだけ長くすることが望ましいでしょう。なお、保険会社各社では、最長95歳から100歳満了までの定期保険を取り扱っています。

定期保険で一般型か逓増型かの選択は、一概にはいえませんが、会社が毎年支払う保険料の損金性を重視するのであれば、一般の定期保険を選択することになるでしょう。

（※1）類似業種比準方式による株価計算式：

$$類似業種の価格 \times \left[\frac{\frac{Ⓑ}{B}+\frac{Ⓒ}{C}+\frac{Ⓓ}{D}}{3}\right] \times 0.7（大会社の場合）$$

Ⓑ／B、Ⓒ／C、Ⓓ／Dは、事業内容の類似した上場会社群に対する会社の2年平均の配当金、直前期または2年平均の利益金、直前期の純資産額の比率を示す。

（※2）大会社とは：次の①または②に該当する会社をいう。
① 従業員数：70人以上
② 総資産額：20億円以上（かつ従業員35人超）または取引金額：30億円以上

上記②の金額は卸売業を営む会社の場合を示す。総資産額、取引金額が小売業・サービス業は15億円以上、20億円以上、卸売業・小売・サービス業以外は、15億円以上、15億円以上になる。

1．法人オーナーのニーズと保険提案

全額損金算入の定期保険加入で利益引下げ

ご提案のポイント

・オーナー相続発生時に自社株式が予想外に高く評価され、後継者などに高額の相続税負担が生じるケースがあります。
・オーナーを被保険者とした定期保険に加入することで、自社株の評価額を引き下げることができます。
・評価が安くなっている間に、オーナーから後継者に生前贈与を行います。

＜前提条件＞
1. 会社概要
 ・業種…製造業（繊維工業）
 ・会社規模…大会社（株式評価区分上）
 ・発行済株式総数…20万株
 ・業績…毎期利益3,000万円（保険加入前）
2. オーナー所有財産等
 ・自社株式…20万株（持株割合100％）
 ・その他金融資産等…5億円
 ・法定相続人…2人（子供2人）
3. 加入保険の内容（5年前から加入）
 ・契約者…会社
 ・被保険者…オーナー
 ・死亡保険金受取人…会社
 ・保険種類…生活保障型定期保険（全損）
 ・保険料…年1,500万円

（1株当たり）	対策前	対策後	類似業種
配当金	0円	0円	3.1円
利益金	15円	7円	14円
純資産	120円	97円	192円
類似業種比準価額	564円	332円	－

＜効果＞

	対策前	対策後	対策効果
自社株評価額	11,280万円	6,640万円	4,640万円
相続税見込額	22,240万円	20,088万円	2,152万円

　このように、オーナーに定期保険を掛けることで、自社株式が564円から332円に安くなり、将来の相続税見込額の引下げ効果があります。ただし、相続開始時に会社で多額の利益が生じていると自社株式の評価額も上昇してしまいます。そこで対策の効果が効いている間に自社株式を贈与してしまうことが重要です。
　しかし、贈与税は相続税を補う目的もあり、課税価格が増えると相続税率よりも高くなってしまうこともあります。したがって、見込みの相続税率と比較して、毎年の贈与する株数を決定することが重要となります。

III. 相続・事業承継編

自社株の評価上、類似業種比準価額が高くなっているので対策したい（2）

ここでは、「福利厚生プラン（1／2損金プラン）」と呼ばれている生命保険を活用した場合の株式評価額の引下げ効果について紹介します。このプランでは、類似業種比準方式の株価決定要素である利益金額と純資産額の2要素の引下げ効果があります。

1．福利厚生プランとは

会社が契約者となり、原則全ての役員および使用人（以下、従業員）を被保険者とする養老保険に加入し、その保険料を会社が支払います。その際に、満期保険金受取人を会社、死亡保険金受取人を従業員の遺族とした加入形態であれば、税務上、会社はその支払った保険料の1／2を福利厚生費等として損金の額に算入できるというものです（残り1／2は資産に計上されます）。

2．保険期間等の決定

会社の事業内容、従業員の年齢構成や定着率、退職金・弔慰金規程等を勘案して、被保険者の資格や保険期間、保険金額などを決定します。具体的には、あまり保険期間を長くすると保険料の掛捨て部分が多くなるため10年程度とします。また、退職金・弔慰金規程から比して多額の保険金額での契約も税務上問題になりがちですので300～500万円程度で全員一律の金額にします。加入資格は入社後満3年経過した従業員などとします。

3．留意事項

特定の従業員のみを被保険者としたり、従業員間での保険金額の格差が大きい場合など差別的な契約形態と見なされると、当該従業員への給与（役員の場合には役員報酬や役員賞与）とされますので注意が必要です。しかし、差別的な加入形態に該当するか否かについては、税務上、画一的な判断基準は明示されていません。プラン導入に際しては、被保険者となる資格、保険期間および保険金額などを明らかにするために、福利厚生プランに関する規約の作成が重要です。さらに、新たに被保険者の資格を満たすことになった従業員の新規加入の実施など、定期的なメンテナンスも必要です。

4．対策の効果

会社はその支払った保険料の1／2を福利厚生費等として損金の額に算入できますので、利益金額の引下げ効果があります。同時に、貯蓄性の高い養老保険の（簿価）資産計上額が支払保険料の1／2相当額で済むため、純資産額の引下げ効果もあります。

1. 法人オーナーのニーズと保険提案

利益金と簿価純資産を同時に引下げ
— 1/2 損金タイプの養老保険の活用 —

ご提案のポイント

- いわゆる福利厚生プランとよばれる契約形態で生命保険に加入することで、会社はその支払った保険料の2分の1を損金の額に算入でき、利益金額を引き下げることが可能です。
- 同時に貯蓄性の高い養老保険の（簿価）資産計上額が支払保険料の2分の1相当額で済むため、簿価ベースでの純資産額を引き下げる効果もあります。
- したがって、類似業種比準価額の株価を決定する3要素のうち、同時に2要素を引下げるため、有効な株価対策となります。
- また、相続が発生した際は、従業員等の遺族に保険金が支払われ、非課税の範囲内（500万円×法定相続人の数）であれば、相続税はかかりませんので、従業員への福利厚生としても有効なものとなります。

＜前提条件＞

1. 会社概要
   - 業種…製造業（プラスチック製品製造業）
   - 会社規模…大会社（株式評価区分上）
   - 発行済株式総数…20万株
   - 業績…毎期利益5,000万円（保険加入前）
2. オーナー所有財産等
   - 自社株式…20万株（持株割合100％）
   - その他金融資産等…3億円
   - 法定相続人…2人（子供2人）
3. 加入保険の内容（8年前から加入）
   - 契約者…会社
   - 被保険者…入社満3年以上の全従業員60人
   - 死亡保険金受取人…従業員の遺族
   - 満期保険金受取人…会社
   - 保険種類…年払養老保険（10年満期）
   - 保険金額…500万円（1人当たり）
   - 保険料…3,000万円（年払）

（1株当たり）	対策前	対策後	類似業種
配当金	0円	0円	4.0円
利益金	25円	17円	28円
純資産	150円	127円	237円
類似業種比準価額	724円	536円	—

＜効果＞

	対策前	対策後	対策効果
自社株評価額	14,480万円	10,720万円	3,760万円
相続税見込額	14,616万円	12,924万円	1,692万円

III．相続・事業承継編

66 自社株の評価上、中会社となっているが、評価引下げの対策はないか

先祖代々続いてきた会社などでは、土地等含み資産が多くあり純資産価額が類似業種比準価額に比してかなり高額に評価される場合があります。そのような会社では、会社規模が中小会社に区分されると、オーナーの相続発生時など自社株式の承継時に純資産価額方式または併用方式によって評価することになり、類似業種比準方式の採用はできません。

1．併用方式とは

併用方式とは、類似業種比準価額と純資産価額とを会社規模に応じて定められた一定の割合（併用割合）で平均した額を評価額とする方式です。この評価方式では、会社規模をランクアップし、できるだけ類似業種比準価額の割合を高くすることで評価額を下げることが可能です。

2．対策の内容

会社ランクアップの方法としては、通常関連会社との合併が一般的です（一定期間、類似業種比準価額方式の適用を制限される場合があります）。生命保険を活用する方法としては、借入によって簿価純資産額を大きくすることになります。保険種類としては、養老保険や終身保険などを活用することになるでしょう。対策を実行する際には、同時に類似業種比準価額の評価引下げも検討することが重要です。ただし、会社規模のランクアップのために簿価純資産額を大きくする場合、従業員数による制限がありますので注意が必要です。

図表　併用方式による株価計算式

株価評価額＝類似業種比準価額×L＋純資産価額×（1－L）					
（※）中小会社の会社規模に応じた併用割合（L）					
規模（注1）			会社規模の判定		併用割合（L）
			簿価総資産価額(注2)および従業員数	直前期末前1年間の取引金額（注2）	
中会社	大	右のいずれかに該当	20億円（15億円）未満 4億円（5億円）以上 かつ 35人超70人未満	30億円（20億円／15億円）未満 7億円（5億円／4億円）以上	0.90
	中	右のいずれかに該当	4億円（5億円）未満 2億円（2.5億円）以上 かつ 20人超70人未満	7億円（5億円／4億円）未満 3.5億円（2.5億円／2億円）以上	0.75
	小	右のいずれかに該当	2億円（2.5億円）未満 7,000万円（4,000万円／5,000万円）以上かつ 5人超70人未満	3.5億円（2.5億円／2億円）未満 2億円（6,000万円／8,000万円）以上	0.60
小会社		右のいずれにも該当	7,000万円（4,000万円／5,000万円）未満または5人以下	2億円（6,000万円／8,000万円）未満	0.50

（注1）判定で2つの会社規模に該当した場合、いずれか大きいほうの会社規模とする。
（注2）会社が卸売業（括弧内は小売・サービス業／卸売業・小売・サービス業以外）を営む場合の金額を示す。従業員数が70人以上の会社は大会社となり併用方式は適用されない。

1. 法人オーナーのニーズと保険提案

会社規模のランクアップで評価引下げ
― 借入金による終身保険の活用 ―

ご提案のポイント

- 中会社または小会社に区分される会社の株式は、併用方式によって評価されます。
- したがって、類似業種比準価額が低い場合であっても、類似業種比準方式のみによる評価は認められません。
- 会社は従業員の退職金原資等の確保のため借入れによって養老保険に加入します。その結果、簿価純資産額が増えることで、より大きな会社規模にランクアップされれば、類似業種比準方式（または、類似業種比準方式の割合の高い併用方式）で自社株式を有利に評価することができます。

＜前提条件＞

1. 会社状況等
    - 業種…卸売業
    - 会社規模…中会社の中
    - 発行済株式総数…20万株
    - オーナー所有分…20万株
    - 従業員数…40人
    - 株式評価額
        類似業種比準価額 {
            2,100円（大会社）
            1,800円（中会社）
            1,500円（小会社）
        }
    - 純資産価額…10,000円

2. 加入保険の内容
    - 契約者…会社（A社）
    - 被保険者…オーナー
    - 死亡保険金受取人…会社
    - 保険種類…一時払い終身保険
    - 保険金額…約22,000万円
    - 一時払保険料…約21,000万円

＜効果＞

1. 貸借対照表の変化と会社規模

貸借対照表　　　　　　　　　　　　　　　（単位：万円）

科目	帳簿価額	科目	帳簿価額
対策前資産の部	30,000	対策前負債の部	10,000
保険積立金	21,000	借入金	21,000
		対策前資本の部	20,000
計	51,000	計	51,000

会社規模　中会社の中から中会社の大へ

2. 対策効果

| 会社規模 | 小会社 | 中会社 | | | 大会社 |
		小	中	大	
評価方式	併用方式	併用方式	併用方式	併用方式	類似業種比準方式
併用割合　純資産価額	50%	40%	25%	10%	―
併用割合　類似業種比準価額	50%	60%	75%	90%	
一株当たり株式評価額	5,750円	5,080円	3,850円	2,620円	2,100円

株式評価額30％引下げ
総額2億2,140万円減少

Ⅲ. 相続・事業承継編

67 自社株の評価が株式保有特定会社で高くなっているので対策したい

1．株式保有特定会社とは

非公開会社の株式の評価は、会社規模に応じて次のように定められています。

図表1　一般の評価会社の自社株式評価方法

会社規模	評価方式
大会社	「類似業種比準方式」または「純資産価額方式」の低いほう
中会社 小会社	「純資産価額方式」または「併用方式」（※）の低いほう

※併用方式：類似業種比準価額と純資産価額とを一定の割合で平均した額を評価額とする方式。

この区分に従えば、会社規模を大会社にすることでその所有資産が株価に反映されない類似業種比準方式で評価することができます。この点を利用して、株式を大量に保有する資産保全会社を設立し、大会社とする相続税対策が一部の個人資産家の間で行われ問題視されました。

もともと、類似業種比準方式とは上場会社に準じるような大会社の株式を、上場株式とのバランスを考慮して評価する方式です。したがって、会社総資産に占める株式の保有割合が著しく高い会社の株式を評価する場合、上場株式と比準した計算方式では適正な株式評価を行うことはできないものと考えられます。そこで、株式等を大量に保有している会社を「株式保有特定会社」と定め類似業種比準方式や併用方式で評価することを認めず、原則として純資産価額方式で評価されます。その結果、会社が株式保有特定会社に該当する場合、会社所有の株式等の評価額を反映して評価・課税されることになったわけです。

図表2　株式保有特定会社の判定

	会社総資産に占める株式・出資の割合（※）
大会社の場合	50％以上
中会社の場合	50％以上
小会社の場合	50％以上

※相続税評価額ベースで割合を計算

2．対策の内容

オーナーの死亡退職金の支払い原資確保などを目的として、銀行等からの借入れによって一時払終身保険に加入します。一時払終身保険の相続税評価額は、その解約返戻金相当額となりますので、直接、株式保有割合を引き下げることができます。その結果、株式保有割合が50％を下回れば、一般の評価会社として、類似業種比準方式（または併用方式）で株式を評価できるようになります。

3．留意事項

その生命保険の加入が「合理的理由もなく、単に特定の評価会社の判定を免れるためのもの」と認定されると、その資産構成の変動をなかったものとして特定会社の判定をすることとなりますので注意が必要です。

1. 法人オーナーのニーズと保険提案

株特会社から一般の会社で評価引下げ
― 借入金による終身保険の活用 ―

ご提案のポイント

・会社が株式や出資を総資産の50％以上所有する場合、「株式保有特定会社」と定義されその会社の株式は評価されます。
・「株式保有特定会社」と判定された会社の株式は、原則として純資産価額方式で評価しなければなりません。
・会社が借入れによって一時払終身保険に加入することで、株式保有割合が下がり、結果として一般の評価会社と区別されることで有利な評価方法を選択できるようになります。

＜前提条件＞

1．会社状況等
・会社規模…大会社
・貸借対照表…〈効果〉参照
・発行済株式総数…20万株
・オーナー所有分…20万株
・株式評価額
　類似業種比準価額…1,500円
　純資産価額…3,970円

2．加入保険の内容（無配当会社）
・加入目的…オーナー死亡退職金等原資
・契約者…会社（A社）
・被保険者…オーナー（65歳）
・死亡保険金受取人…会社
・保険種類…一時払終身保険
・保険金額…26,000万円
・一時払保険料…20,000万円
　（＝解約返戻金）

＜効果＞

1．貸借対照表の変化

貸借対照表（対策前）　　　　　　　　　　（単位：万円）

科目	相続税評価額	帳簿価額	科目	相続税評価額	帳簿価額
株式	80,000	1,000	資本金	—	1,000
その他	80,000	49,000	剰余金	—	49,000
計	160,000	50,000	計	—	50,000

株式保有割合＝80,000÷160,000≒50％ ≧ 50％　株式保有特定会社に該当

↓

貸借対照表（対策後）　　　　　　　　　　（単位：万円）

科目	相続税評価額	帳簿価額	科目	相続税評価額	帳簿価額
生保契約	20,000	20,000	借入金	20,000	20,000
株式	80,000	1,000	資本金	—	1,000
その他	80,000	49,000	剰余金	—	49,000
計	180,000	70,000	計	20,000	70,000

株式保有割合＝80,000÷180,000≒44.4％ ＜ 50％　一般の評価会社に該当

2．対策効果

	対策前	対策後	対策効果
株式評価方法	純資産価額方式	類似業種比準方式	評価方法の変更
株価（一株当たり）	3,970円	1,500円	▲2,470円
オーナー自社株式	71,460万円	27,000万円	▲44,460万円

Ⅲ. 相続・事業承継編

廃業・清算に向け保険を活用したい

1. 廃業・清算か事業承継か

オーナーが死亡した場合には、事業を存続するか、会社を廃業・清算するかのどちらを決断するかで対応策が大きく変わってきます。基本的には、後継者が既に育っていれば事業を存続し、後継者がいなければ、会社を廃業・清算（ここでは会社の売却は考慮外とします）することを選択せざるを得なくなります。

ここでは、後継者がおらず、会社を廃業・清算する場合を検討します。

2. 廃業・清算にあたってのリスクと対策

廃業・清算にあたり、主に以下のリスクが発生します。

(1) 債務の返済（連帯保証）

解散・清算の手続きに入ったら、債権申出期間後に債務の弁済を行わなければなりません。経営者個人の連帯保証がある場合は、この分も含めて必要保証額を計算します。

(2) 従業員の退職金

解散手続き中の従業員の給与のほか、全従業員に対する勤務年数や貢献度等に見合うだけの退職金を用意しなければなりません。

従業員の退職金規程等に従って、事前に退職金要支給額の計算を行っておくことが必要です。

(3) 死亡退職金

遺族に生活資金を遺さなければなりません。役員の退職金規程に従って、事前に退職金要支給額の計算を行っておくことが必要です。

廃業・清算するときに頼りになる資産としては、現金預金、売掛債権、上場有価証券、不動産等（現金化しやすい順）ですが、通常であれば、現金預金、売掛債権、上場有価証券が多額に残っていることは想定できず、不動産についても売り急ぎによって買い叩かれる可能性もあります。

そこで、オーナーを被保険者とする生命保険に加入することによって、オーナーに万一のことがあった場合にも、保険金によって、それらをまかなうことが可能となります。

中小企業では、債務につき一括返済を求められることがままあり、廃業・清算時には多額の資金が必要となりますので、生命保険への加入が対策となります。

3. 留意事項

例えば、全損の定期保険に加入した場合には、法人が受け取る死亡保険金は、全額雑収入となり、法人税等が課税され、手元資金が目減りすることになってしまいます。

したがって、法人税等が課されても必要資金が残るように「必要資金÷（1－税率）」分を生命保険でカバーしておく必要があります。

1. 法人オーナーのニーズと保険提案

借入金返済資金・従業員退職金等の原資を確保

ご提案のポイント

- 廃業・清算時には、債務の返済、従業員の退職金、死亡退職金など、多額の資金が必要となります。
- 廃業・清算する会社であれば、多額の現金預金があることは想定しづらいですので、オーナーを被保険者とした保険に加入することで、将来の不安を排除しておく必要があります。
- 保険の種類によりますが、法人が受け取る死亡保険金に対して、法人税等が課税されますので、廃業・清算時に必要となる資金をあらかじめシミュレーションした上で、保険に加入する必要があります。

＜前提条件＞

1. 会社概要
   - オーナー…55歳
   - 後継者…不在
   - 業績…毎年2,000万円程度の利益
   - 廃業時の必要資金（計：6,500万円）
     債務の返済…4,000万円
     退職金等…2,500万円

2. 加入保険の内容
   - 契約者…会社
   - 被保険者…オーナー（55歳）
   - 死亡保険金受取人…会社
   - 保険種類…定期保険（90歳満了）
   - 保険金額…1億円（※）
     （※）6,500万円×（1－税率（35%））
     （退職金等の損金算入は未考慮）
   - 保険料…約200万円（年払）

   ※法人税の実効税率35%

年数	保険料累計	死亡保険金	解約返戻率	税軽減額累計
1年目	2,000,000円	1億円	0%	700,000円
2年目	4,000,000円	1億円	0%	1,400,000円
3年目	6,000,000円	1億円	0%	2,100,000円
4年目	8,000,000円	1億円	0%	2,800,000円
5年目	10,000,000円	1億円	0%	3,500,000円
10年目	20,000,000円	1億円	0%	7,000,000円
20年目	40,000,000円	1億円	0%	14,000,000円
30年目	60,000,000円	1億円	0%	21,000,000円
35年目	70,000,000円	1億円	0%	24,500,000円

　このように、オーナーに定期保険を掛けることで、オーナーに万一のことがあった際の廃業・清算時にも対応することが可能となります。また、保険料の100％が損金算入されることによって、毎年70万円の税額軽減が期待できます。反対に、オーナーが死亡した場合、法人が受け取る死亡保険金は、全額雑収入となりますので、それに係る税負担を考慮して、保険を検討する必要があります。

III. 相続・事業承継編

69 相続対策における生命保険の活用法が知りたい

相続税対策における生命保険の活用は一般的に次のステップで考えられます。

納税資金の確保→円満な遺産分割→節税

1．納税資金の確保

相続対策においては、本人がまず生命保険に加入するのが一般的です。契約形態としては契約者および被保険者は本人、保険金の受取人は相続人のうちの誰かということになります。ただし我が国においては相続人一人当たり500万円の生命保険金の非課税額を超えた保険金については相続税を課税されてしまいますので、相続財産の多い方にとって自分が契約者かつ被保険者となって生命保険に加入することはあまりメリットがありません。

第2段階として生命保険金が相続財産となってしまうと税引後の手取額が少なくなってしまうので、相続人の誰かが契約者となって本人を被保険者として生命保険に加入することによって、生命保険金の課税を相続税から所得税に転換する方法が考えられます。もし相続人に保険料を支払う経済的余裕がない場合には、保険料を贈与することも考えなくてはなりません。

2．円満な遺産分割

また、相続対策としては納税ばかりでなく、遺産分割を円滑にする手段としても生命保険を考えておく必要があります。生命保険は受取人を指定しておくだけで、トラブルなく特定の人に財産を残すことができます。極端なケースとして、全財産を特定の相続人を受取人として保険料として払込むことも可能です。生命保険金はみなし相続財産といって、民法上の相続財産ではありませんから、遺留分の減殺請求が及びません。

3．節税

生命保険は純粋な保障とともに、その評価において特殊な側面を持っています。保険事故が発生していない生命保険契約については、原則としてその時点での解約返戻金にて評価されますので低解約返戻型の保険に加入することにより、払込金額より低い金額にて相続できたりと、これらを上手に活用すれば、相続税を軽減することも可能になります。これらを図解すると、142頁＜参考資料＞のようになりますので参考にしてください。

2. 資産家のニーズと保険提案

税額引下げ・納税資金確保等を実現

ご提案のポイント

- 相続税対策における生命保険の活用は、納税資金の確保、円満な遺産分割、節税が大きな柱として考えられます。
- 非課税枠である、500万円×法定相続人については、生命保険への加入が可能であれば、必ず活用するべきものです。
- 資産家の方については、保険契約者を相続人として、さらに保険料を贈与することにより、納税資金の確保と節税を同時に行えます。
- 生命保険金は、受取人固有の財産となるため、遺産分割協議の対象とならず、また、遺留分の減殺請求も及びません。

1. 課税価格3億円以下の場合

平成28年度国税庁税務統計によると、相続税申告者のうち、課税価格が3億円以下の被相続人が占める割合は94.4%であり、これらのケースの場合には、生命保険の活用で相続税の納税資金対策を完了させることができます。

国税局別の被相続人数（申告ベース）（平成28年分税務統計：出典　国税庁）　（単位：人）

国税局	課税価格階級								
	5千万円以下	5千万円超	1億円超	2億円超	3億円超	5億円超	7億円超	10億円超	合計
札幌	515	1,556	631	134	84	26	12	18	2,976
仙台	921	2,836	1,212	288	146	43	18	18	5,482
関東信越	3,549	8,872	3,907	923	606	192	96	97	18,242
東京	12,197	18,575	9,332	2,376	1,685	613	421	463	45,662
金沢	414	1,484	643	142	81	25	16	5	2,810
名古屋	3,801	9,480	4,885	1,142	620	202	96	84	20,310
大阪	4,409	9,810	5,121	1,350	756	240	132	138	21,956
広島	1,268	3,803	1,515	284	163	47	15	16	7,111
高松	599	1,980	902	190	87	24	12	8	3,802
福岡	764	2,307	1,035	239	143	42	19	18	4,567
熊本	525	1,613	696	146	90	20	11	5	3,106
沖縄	114	375	257	68	39	9	2	3	867
合計	29,076	62,691	30,136	7,282	4,500	1,483	850	873	136,891

＜前提条件＞

1. 概要
- 相続人…配偶者と子1人
- 相続財産…3億円
- 遺産分割…生命保険を加算し、2分の1ずつ

2. 加入保険の内容（終身保険）
- 契約者、被保険者…本人
- 死亡保険金受取人…子
- 死亡保険金…5千万円

	配偶者	子	合計
相続税	42,600,000円	42,600,000円	85,200,000円
配偶者の税額軽減	▲42,600,000円	0円	▲42,600,000円
差引	0円	42,600,000円	42,600,000円

このように、死亡保険金にて納税資金の確保が可能となります。なお、この場合には、二次相続に向けても、納税資金の確保が必須となってきます。

生前贈与と生命保険加入による相続対策

1. 相続税の対象とならない生命保険金の活用

相続人が多いケース、特に子供が多いケースでは贈与を積極的に活用することが有効です。もちろん贈与を活用する場合には、基礎控除の110万円にこだわらず、少なくとも最低税率（10％）ぎりぎりの310万円以上の金額は贈与するようにしましょう。

さらに金融資産を贈与された相続人は、贈与された資産を単に自分名義で運用するのではなく、贈与された金銭を親を被保険者とした生命保険契約の保険料に充当すれば、贈与をさらに有効に活用することができます。

親を被保険者とした生命保険契約では、被保険者の死亡によって子供に支払われる生命保険金は相続税の対象とならず、所得税の課税対象となり、なおかつ一時所得扱いとなるため、所得税、住民税合わせて最高でも28％程度の負担で済むことになります。

2. 贈与金額をすべて保険料に充当し効果を高める

このように子供が親に保険をかける場合には、将来必ず保険金を受け取り、それを納税資金にあてるわけですから、保険種類としては満期のある定期保険や養老保険ではなく、終身保険となります。保険料の支払方法は年払方式が一般的ですが、その場合には必ず払込満了年齢を決めておくことを忘れないようにしましょう。

また保険金額を考える場合に、このパターンの契約では、適用される最高税率が決まっているので、特に限度額を考える必要はありません。贈与された金融資産をすべて保険料に投入することによって贈与の効果をさらに増すことができます。

3. 早めの実行がポイント

そして、被保険者となる親が年をとればとるほど終身保険の保険料は累進的に高くなってしまうので、できるだけ早めにこの対策を実行しなくては意味がありません。

相続税の非課税限度額の利用とは異なり、この対策は親が75歳や80歳になってから実行したのでは、保険料に対して支払われる保険金額もそれほど大きくないため、なおさら早めの実行が望まれます。

2. 資産家のニーズと保険提案

贈与されたお金を保険料に投入

ご提案のポイント
・贈与金額は最低でも一人当たり310万円とします。
・保険は終身保険を用います。

＜前提条件＞
・父親65歳
・親が子供に毎年310万円ずつ贈与する場合の贈与税…20万円
・差引手取額…290万円
・贈与されたお金を、親を被保険者とした終身保険の保険料として投入
・75歳払込満了保険金額3,000万円

1. 課税内容

上記の前提条件で、親が70歳時に相続が発生したとすると、子供に支払われる生命保険金3,000万円に対する税金は以下のとおりです。
単に贈与されたお金を運用するよりも、保険料に投入したほうが納税資金をより多く確保することができます。

2. 注意点

なお、保険料を贈与する場合には次のことに注意してください。
・贈与税の申告をすること
・贈与者は当該保険料を所得税の確定申告上生命保険料控除としないこと
・贈与契約書および贈与税申告書の保存をしておくこと
・その他贈与の事実が確認できるものがあれば、保管しておくこと

Ⅲ．相続・事業承継編

生命保険金を相続した場合の非課税枠

1．相続時の生命保険金非課税枠を活用

　相続税率が高い人の場合には、ご自分が契約者や被保険者となって高額の保険に加入することはあまり意味がありません。というのは、相続が発生したときに支払われる保険金に対して相続税が課税されてしまうからです。しかし、相続税法では、相続人一人当たり500万円という生命保険金の非課税の規定を設けています。

　例えば子供4人（配偶者なし）の場合には、合計で2,000万円まで生命保険金に対して相続税が課税されません。しかし、高齢であったり、健康状態が思わしくないために「自分は保険には入れない」と思っている方も多いと思います。

　生命保険に加入できるのは、通常70～75歳くらいまでと考えられています。しかし、いくつもの保険会社がもっと高齢の方でも加入できる保険を取扱っています。保険会社によっては、85歳まで加入できる保険を取扱っているところもあります。高齢の方の保険料は高額になりますが、保険金は非課税ですから必ず加入したほうが得です。保険の種類は終身保険を選択します。

2．高齢での加入は保険料払込期間に留意

　この場合に一時払終身保険以外の終身保険では終身払いを選択しないことが重要です。保険料の払込期間を長くすればするほど、毎月あるいは毎年の保険料は安くなります。定期保険や養老保険は期間があらかじめ定められていますので、保険料を無限に支払う危険性はありませんが、終身保険の場合には保険期間が終身ですから、払込方法も終身払いを選択すると、文字どおり死ぬまで保険料を払い込まなくてはなりません。最近のように高齢者でも90歳近くまで長生きすることが珍しくなくなった時代にあっては、このような年齢まで保険料を払い込んでいると、払込保険料の合計額が保険金額を上回ってしまい何のために保険に加入しているの分からなくなってしまいます。必ず払込満了年齢を決めるようにしてください。

　また、一般に、健康な人でないと保険には加入できないと考えられていますが、保険商品の中には健康状態が良好でなくても加入できる商品もあります。もちろん保険金額は無制限というわけにはいきませんが、特に健康状態の良くない人向けの保険も発売されていますので、非課税金額までは必ず加入するよう心がけてください。

2. 資産家のニーズと保険提案

生命保険金の非課税枠の利用

> **ご提案のポイント**
> - 生命保険金のうち被相続人が保険料を負担した死亡保険金は、非課税枠額までは相続税がかからないので大変有利です（相続人が受取人の場合）。
> - したがって、高齢でも多少健康状態が悪くてもあきらめずに加入を心がけましょう。
> - この場合、必ず保険金を受け取ることが必要ですので、定期保険や養老保険ではなく、保険期間が一生となっている終身保険にすることが重要です。
> - 終身保険の保険料は終身払いとすると長生きをすることで保険金以上の保険料を支払うことになりかねませんので、有期払込み（できれば一時払い）にしましょう。

＜前提条件＞

1．個人A氏（男性）所有財産等
・所有財産…20億円
・法定相続人…4人（配偶者無）

2．加入保険の内容
・契約者…A氏
・被保険者…A氏（65歳）
・死亡保険金受取人…A氏の法定相続人
・保険種類…一時払終身保険
・保険金額…2,000万円⇒「無税」
・一時払保険料…約1,700万円

（※）上記の数値はあくまでイメージです。実際の保険設計とは異なる可能性があります。

III. 相続・事業承継編

72 相続財産の多い人のための保険活用が知りたい

相続対策のための保険、特に納税資金作りのための保険というと、皆さんはまず終身保険を思い浮かべると思います。資産家が自分を被保険者として終身保険に加入し、相続が発生したときには生命保険金の受取人である相続人が保険金を活用して相続税を納税する。これが一般的な生命保険の加入だと思います。

このような考え方のために、相続税の概算を把握しておきましょう。

相続財産の多い人の場合には、多額の保険に加入しても、相続人が受け取る保険金に対して、高率の相続税が課税されてしまうので、保険に加入した意味が薄れてしまうことが少なくありません。

したがって、相続財産が多い場合には、自分に保険をかけても、みなし相続財産に対する課税が重い人は、相続人一人当たり500万円の非課税規定を最大限利用することが大切です。この非課税保険金額は、金額は少ないかもしれませんが、本来ならばその保険に関わる保険料に対して相続税が課されるはずだったのですから、納税者にとっては負担が相当減ることになります。「相続財産の多い人は、生命保険金は非課税限度額まで」と考えておいたほうがよいでしょう。

具体的には、相続人が自分自身を被保険者とする生命保険に加入します。最終的に保険金を相続発生時に受け取ることが目的

図表1 相続税早見表（配偶者ありの場合）
（万円）

課税価格	子供の数		
	1人	2人	3人
5千万円	40	10	0
1億円	385	315	262.5
2億円	1,670	1,350	1,217.5
3億円	3,460	2,860	2,540
4億円	5,460	4,610	4,155
5億円	7,605	6,555	5,962.5
6億円	9,855	8,680	7,837.5
7億円	12,250	10,870	9,885
8億円	14,750	13,120	12,135
9億円	17,250	15,435	14,385
10億円	19,750	17,810	16,635
11億円	22,250	20,185	18,885
12億円	24,750	22,560	21,135
13億円	27,395	25,065	23,500
14億円	30,145	27,690	26,000
15億円	32,895	30,315	28,500
20億円	46,645	43,440	41,182.5

ですから、保険の種類は終身保険を使います。

なお、受取人を誰にするのかについては、よく考える必要があります。生命保険金は受け取人固有の財産ですから、たとえ相続人全員が受け取った生命保険金の合計額に対して相続税がかからなかったとしても、生命保険金を好きなように分けてよいというわけではありません。そのため、あらかじめ保険金を誰が受け取るのかを決めてから保険に加入する必要があります。

2. 資産家のニーズと保険提案

非課税限度まで保険に加入

> **ご提案のポイント**
> ・相続財産の多い資産家については、納税資金確保のために多額の生命保険に加入しても、非課税枠を超えて受け取る部分に対して、高率（最大55％）の相続税が課税されてしまい、保険に加入した意味が薄れてしまうことがありますので、保険料の負担者を変えることにより、所得税の対象となるような契約形態に変更することも対策のひとつです。

1．死亡保険金の課税関係

被保険者が死亡し、保険金受取人が死亡保険金を受け取った場合には、被保険者、保険料の負担者及び保険金受取人が誰であるかにより、所得税、相続税、贈与税のいずれかの課税の対象になります。

被保険者	保険料の負担者	保険金受取人	税金の種類
A	B	B	所得税（一時所得）
A	A	B	相続税
A	B	C	贈与税

2．対策

・相続人…子2人
・相続対策（保険料に対して、1.6倍の死亡保険金が支払われるものと仮定）
　①本人は、生命保険に加入し、毎年保険料を500万円、10年間支払い、死亡保険金8,000万円は長男が受取った。
　②長男へ毎年500万円を10年間贈与し、長男はそれを原資として父を被保険者とする生命保険契約を行い、父の死亡により7,232万円（贈与税控除後の残金452万円×10年×1.6倍）の死亡保険金を受け取った。なお、長男の課税所得金額は2,000万円とする。
・相続財産…5億円（上記相続対策による生命保険金以外に1,000万円（受取人：長男））
　※上記対策を行わない場合には、5.5億円

	対策なし		対策①		対策②	
	長男	次男	長男	次男	長男	次男
相続財産	27,500万円	27,500万円	25,000万円	25,000万円	25,000万円	25,000万円
生命保険金	1,000万円	－	9,000万円	－	1,000万円	0万円
非課税金額	▲1,000万円	－	▲1,000万円	－	▲1,000万円	－
課税価格	27,500万円	27,500万円	33,000万円	25,000万円	25,000万円	25,000万円
納付相続税	8,730万円	8,730万円	10,702万円	8,108万円	7,605万円	7,605万円
贈与税	－	－	－	－	485万円	－
所得税（※）	－	－	－	－	665万円	－
合計税額	17,460万円		18,810万円		16,360万円	
差引相続できる財産総額	38,540万円		40,190万円		41,872万円	

※（7,232万円 － 4,520万円 － 50万円）× 1/2 × 50％ ＝ 665万円

このように、同額の保険料の生命保険に加入しても、保険料の負担者を変えることにより税目ごとの税率差異を得ることができます。

Ⅲ．相続・事業承継編

生命保険による遺産分割対策

相続に関して、資産家本人が一番避けたいと思っていることは、子供たちの相続争いです。自分の財産に関して、子供たちが醜い相続争いを繰り広げるくらいならば、いっそのこと財産を国にでも寄付してしまいたいと思っている人はたくさんいます。

生命保険を利用しても、子供たちの欲望を抑えることはできません。しかし、際限のない相続争いを防止することはできます。

1．生命保険を用いた一般的な分割

生命保険を用いると財産の分割が容易になります。特に、主たる相続財産が一筆の土地で、分割が不可能な場合には保険の活用が有効です。保険金を代償分割資金とする活用が一般的です。

相続はいつ発生する分からないので、相続時に相続人に均等に財産が分割されるように保険をかけることは不可能ですが、生命保険金は相続発生後すみやかにキャッシュで支払われるので、金額が少なくても満足感が高いことが多いようです。

2．生命保険金は分割協議の対象にならない

生命保険金は受取人固有の財産であり、民法上の相続財産ではありません。

3．契約の仕方

相続税の納税資金に生命保険を活用する場合、
・契約者：父
・保険料負担者：父
・被保険者：父
・死亡保険金受取人：長男
の契約形態で契約する方法があります。

この契約形態で長男が死亡保険金を受け取った場合、みなし相続財産として相続税の課税対象になります。

受取人が相続人ですので、死亡生命保険金の非課税枠である、
「500万円×法定相続人の数」
が適用できます。

また、
・契約者：長男
・保険料負担者：長男
・被保険者：父
・死亡保険金受取人：長男
の契約形態で契約する方法もあります。

この契約形態で長男が死亡保険金を受け取った場合、長男の所得税・住民税の課税対象になります（一時所得）。

このような契約形態は、一時所得の「1／2課税」を活用することができ、相続税の適用税率が高い方には効果的です。

2. 資産家のニーズと保険提案

保険金で代償分割資金を確保

ご提案のポイント

・財産の大半が事業用資産や自社株等の換金不能財産である場合、事業承継者となる相続人が、他の相続人に代償分割として現金等を渡すことができるようにすることで争いを防ぐことができます。
・受取人を後継者とする終身保険に加入することで、後継者がその保険金を代償分割資金の原資とすることができます。

＜前提条件＞

1．個人資産等の状況

・本人（A氏、65歳）
・相続人…長男、次男、三男、四男
・相続財産
　　預貯金　14,000万円
　　不動産　6,000万円

2．保険内容

・加入目的…代償分割資金原資
・保険種類…一時払終身保険
・契約者、保険料負担者…本人（A氏、65歳）
・被保険者…本人
・死亡保険金受取人…長男
・死亡保険金…2,000万円
・保険料…2,000万円（一時払い）
＊死亡保険金＝保険料と仮定します。

＜効果＞

　長男は無税で保険金2,000万円を受け取ることができます。

III. 相続・事業承継編

74 キャッシュフロー比率の高い資産家へのトータルプランの提案

預貯金を生命保険にシフト

資産家は、運用リスクをとるよりもいかに資産を守ったらいいかを考える人が多いのではないでしょうか。保険を活用したトータルプランは、預貯金を保険にシフトすることで運用リスクをとらずに資産の保全に大きな効果が期待できます。活用する商品は、確実に死亡保険が支払われる終身タイプを選択します。

預貯金を保険商品にシフトする場合に、単一の契約形態で加入すると相続時期・条件によっては、対策の効果が大きい時期、小さい時期、場合によっては預貯金で運用したほうがよかったというように効果がバラバラです。資産の状況・家族構成によっても変わりますが、各契約形態にはそれぞれ長所・短所があります。

リスクのあるものに投資する場合の基本の1 分散投資

すべての卵を1つのかごに盛るな

保険商品を資産保全・相続対策・節税対策等で活用する場合も、上記の格言のように単一の契約形態での加入では「死亡リスク」に対応できない場合がよくあります。

保険を活用する場合、死亡リスクがいつ発生しても効果が期待できるように
契約形態を分散することが必要です。

――保険の契約形態の主な種類――

①	相続型	○生命保険の非課税枠　　　　500万円×法定相続人数
②	一時所得型	○保険の権利を相続する場合（生命保険に関する権利の評価） 　解約返戻金相当額 ○死亡保険金／解約返戻金を受け取る場合 　一時所得課税額＝（保険金or解約返戻金 － 既保険料 － 50万円）÷2
③	贈与型	○贈与を活用した契約　　　　生前贈与で受贈者が保険に加入

① 相続型

契約者	被保険者	受取人
A(B)	A(B)	B(A)／C

② 一時所得型

契約者	被保険者	受取人
A(B)	B(A)	A(B)
A(B)	C	A(B)

③ 贈与型

贈与者	受贈者	契約者	被保険者	受取人
A(B)	C	C	A／B	C

A：世帯主
B：配偶者
C：子　供

2. 資産家のニーズと保険提案

保険契約形態で税負担が大きく変わる

> **ご提案のポイント**
> ・生命保険の契約形態には、主に「相続型」「一時所得型」「贈与型」の3つがあり、資産の状況や家族構成によって、大きく税負担が変わってきますので、どのパターンが有利かについては、被保険者の生命保険金を含んだ相続財産額や相続人、死亡保険金を受け取った受取人の収入などを踏まえて、検討する必要があります。

財産規模による税負担の相違

<共通前提条件>
- 家族構成…夫、妻、子
- 遺産分割…法定相続分どおり
- 死亡保険金…3,000万円
- 既払込保険料…1,000万円
  ※子へ毎年200万円の贈与で5年経過
- 死亡保険金受取人…子（所得0円）
- 相続型の場合の契約者…夫
- 贈与型の場合の契約者…子

<シミュレーション>
① 相続財産が多額にはない場合
- 被保険者…夫（相続財産5,000万円）

② 相続財産が多額にある場合
- 被保険者…夫（相続財産50,000万円）

① パターン

	相続型	贈与型（一時所得型）
相続財産	5,000万円	5,000万円
生命保険金	3,000万円	0万円
非課税金額	▲1,000万円	0万円
課税価格	7,000万円	5,000万円
納付相続税	205万円	40万円
贈与税	0万円	45万円
所得税	0万円	168万円
合計税額	205万円	253万円

⇒相続型が有利

② パターン

	相続型	贈与型（一時所得型）
相続財産	50,000万円	50,000万円
生命保険金	3,000万円	0万円
非課税金額	▲1,000万円	0万円
課税価格	52,000万円	50,000万円
納付相続税	8,364万円	7,605万円
贈与税	0万円	45万円
所得税	0万円	168万円
合計税額	8,364万円	7,818万円

⇒贈与型（一時所得型）が有利

　相続財産が多額にない場合には、相続税率が贈与型を用いた際の贈与税・所得税分の税率より低くなるため、相続型のほうが有利となります。相続財産が多額にある場合には、相続税率のほうが高くなりますので、贈与型（一時所得型）が有利となります。

巻末資料1：非公開会社の自社株式評価方法概要（相続税評価方式…相続・贈与時適用）

株式の取得者	会社種類		会社規模	相続税評価方式の内容
御子息など「同族株主等」	特定の評価会社	株式保有特定会社	すべて	(A)純資産価額方式（例外あり）
		土地保有特定会社	すべて	(A)純資産価額方式
		開業後3年未満会社		
		その他の特定の会社		
	一般の評価会社		大会社	(A)または(B)類似業種比準方式
			中小会社	(A)または(C)併用方式
上記以外	すべての会社		すべて	配当還元方式

(A)純資産価額方式

$$株式評価額 = \frac{純資産価額（相続税評価）- 含み資産額 \times 37\%}{発行済株式総数}$$

・含み資産額とは、相続税評価総資産から簿価総資産額を引いた額を意味する。
・現物出資等受入れの会社所有株式等は、37％控除の対象外とされる場合がある。

(B)類似業種比準方式

$$株式評価額 = 類似業種の株価 \times \left[\frac{\frac{Ⓑ}{B}+\frac{Ⓒ}{C}+\frac{Ⓓ}{D}}{3}\right] \times \begin{cases} 0.7（大会社）\\ 0.6（中会社）\\ 0.5（小会社）\end{cases}$$

・Ⓑ／B、Ⓒ／C、Ⓓ／Dは、事業内容の類似した上場会社群（類似業種）に対する評価会社の一株当たりの配当金、利益金、簿価純資産額の比率を示す。

(C)併用方式

　　株式評価額 ＝ 類似業種比準価額 × L ＋ 純資産価額 ×（1 － L）

・Lの値：0.9（中会社の大）、0.75（中会社の中）、0.6（中会社の小）、0.5（小会社）。
・中会社の区分：取引金額、従業員数、総資産額によって判定される（詳細省略）。

巻末資料2：会社種類（株式保有特定会社、土地保有特定会社のみ）の判定

	会社総資産（相続税評価ベース）に占める株式、土地の割合（注1）		
	株式保有特定会社	土地保有特定会社	
大会社の場合	50％以上	70％以上	
中会社の場合	50％以上	90％以上	
小会社の場合	50％以上	総資産20億円（15億円）以上（注2）	70％以上
		総資産20億円（15億円）未満（注2） 総資産7,000万円（4,000万円／5,000万円）以上	90％以上
		その他	該当なし

（注1）それぞれ株式保有特定会社は株式等、土地保有特定会社は土地等の所有割合。
（注2）会社が卸売業（括弧内は小売・サービス業／卸売業・小売・サービス業以外）を営む場合の金額を示す。

巻末資料3：会社規模の判定

規模	会社規模の内容	簿価総資産価額（注）および従業員数	直前期末1年間の取引金額（注）
大会社	従業員数70人以上または右のいずれかに該当	20億円（15億円／15億円）以上かつ35人超	30億円（20億円／15億円）以上
中会社	従業員数70人未満かつ右のいずれかに該当	7,000万円（4,000万円／5,000万円）以上かつ5人超	30億円（20億円／15億円）未満 2億円（6,000万円／8,000万円）以上
小会社	従業員数70人未満かつ右のいずれにも該当	7,000万円（4,000万円／5,000万円）未満または5人以下	2億円（6,000万円／8,000万円）未満

（注）会社が卸売業（括弧内は小売・サービス業／卸売業・小売・サービス業以外）を営む場合の金額を示す。

編著者紹介

辻・本郷 税理士法人

〒160-0022　東京都新宿区新宿4-1-6　JR新宿ミライナタワー28F
電話：03-5323-3301　　URL：www.ht-tax.or.jp
代表社員　本郷　孔洋（ほんごう・よしひろ）
［著　書］
「本郷孔洋の経営ノート2017〜大航海時代のビジネスチャンス〜」「税理士が見つけた！本当は怖い不動産業経理の失敗事例55」「税理士が見つけた！本当は怖い建設業経理の失敗事例55」「税理士が見つけた！本当は怖い相続の失敗事例55」（東峰書房）、「税理士がこっそり教える！相続税がかぎりなくゼロ円になる方法」（宝島社）、「オーナーのための自社株の税務＆実務〔九訂版〕─売買・保有・評価─」（税務経理協会）など多数。
（代表執筆者）
税理士　武藤　泰豊（むとう・やすとよ）
CFP（日本FP協会認定）、1級ファイナンシャル・プランニング技能士（国家資格）、トータル・ライフ・コンサルタント（生命保険協会認定FP）、損害保険プランナー（日本損害保険協会認定）、2017年度MDRT成績資格会員、宅地建物取引士。
（執筆者）
CFP　水田　晴美（みずた・はるみ）

MC税理士法人

〒160-0022　東京都新宿区新宿3-11-10　新宿311ビル10F
電話：03-3357-1212　　URL：www.mcz.or.jp
代表社員　御簾納　弘（みすの・ひろし）

　MC税理士法人では、税務、会計、財務にとどまらず幅広い分野で経営者及び様々なお客様の要望に応じている。各分野の経験豊富な専門スタッフと弁護士、社会保険労務士、司法書士とが連携しながらあらゆる問題に対応。法人およびその経営者、個人事業主、相続・贈与税のお客様、すべてのお客様の、あらゆるステージ・要望に応じられるサービスを用意している。

アクタス税理士法人

〒107-0052　東京都港区赤坂3-2-6　赤坂中央ビル7F
電話：03-3224-8888　　URL：www.actus.co.jp
代表社員　加藤　幸人（かとう・ゆきと）

　アクタスは、税理士、公認会計士、社会保険労務士など約130名で構成する会計事務所グループ。オフィスは、東京の赤坂・荒川・立川および大阪の計4拠点。中核となる「アクタス税理士法人」では、税務申告、連結納税、国際税務、相続申告など専門性の高い税務コンサルを提供。経営コンサルの「アクタスマネジメントサービス」、人事労務業務の「アクタス社会保険労務士法人」、システムコンサルの「アクタスITソリューションズ」の4つの組織が有機的に連携し、経理、人事、総務業務のワンストップサービスを提供。「常にお客様の立場で考え、独創的な発想で、満足度の高いサービスを提供し、お客様の成長と発展のために行動する」ことをモットーとしている。

生命保険有効活用提案シート集

2017年9月15日初版発行
1刷 2017 年 9 月 15 日
2刷 2019 年 2 月 1 日

編著者	辻・本郷 税理士法人(つじ ほんごう ぜいりし ほうじん) MC 税理士法人(ぜいりし ほうじん) アクタス税理士法人(ぜいりし ほうじん)
発行者	星野 広友(ほしの ひろとも)
発行所	株式会社 銀行研修社

東京都豊島区北大塚3丁目10番5号
電話東京 03(3949)4101 (代表)
振替 00120-4-8604 郵便番号 170-8460

印刷・製本／神谷印刷株式会社　ISBN978-4-7657-4558-1 C2033
落丁・乱丁本はおとりかえ致します。
2017 ©辻・本郷 税理士法人／MC 税理士法人／アクタス税理士法人　Printed in Japan
★定価は表紙に表示してあります。